世界一わかりやすい日本憲政史

明治自由民権激闘編

倉山満
Mitsuru Kurayama

徳間書店

はじめに

なぜ、日本の政治は不甲斐《ふがい》ないのか？

日本人ならば一度は憤慨したことがあるはずです。本書は、そんな人のために書き下ろしました。

まず皆さんの怒りの根源である「不甲斐ない」とは、どういうことか。

何か目的を示し、実現していくことができないということです。指導力（リーダーシップ）の欠如です。指導者たるべき政治家に指導力がないから、人々は憤るわけです。

しかし、これが間違いです。

日本の政治は指導力などでは動いていないからです。これは、令和の今も明治の昔も変わりません。

私は憲政史家を名乗っていながら憲政史と名の付く本を書いたことがないような気がしたので本書を構想しました。そう考えてみると、明治以来、日本の憲政史は指導力などという高尚な次元で動いていないことに気付きました。だから、「明治にさかのぼり日本の病理を抉《えぐ》り出してみよう」と考えたのです。

さて、明治の憲政史、というか戦前日本に関してはステレオタイプのイメージができあがっています。

通説
明治時代の日本は、藩閥専制の時代だった。非民主的な明治憲法により、政党内閣制はなかなか実現せず、普通選挙制度も有権者は男子のみ。わずかの期間だけ実現した政党内閣は、とてつもなく腐敗していた。

残念ながら最後の一文だけは本当です。悲しいので、フォントを極小にしました。しかし、他はすべて間違いです。「政党内閣制や普通選挙の実現」などと、ある目的の実現ができたかどうかなどと色眼鏡で見るから勘違いするのです。これも日本の政治を指導力の有無で見てしまう弊害です。だいたい、大日本帝国憲法（正式略称は帝国憲法）が民主的かどうかなど、日本国憲法を基準にしての比較です。その観点から政党内閣制や普通選挙が実現したかどうかなどと検証するのに、何の意味があるのでしょうか。だいたいそんなもの、当時生きていた人たちのほとんどが目指していないのに。

ところで、戦前否定派にも二派あり、戦前には民主主義などまったくなかったという全否定派と少しは民主的なところもあったとする部分肯定派がいます。

前者の全否定派は戦前日本を悪しざまに罵《のの》り、戦後デモクラシーをバラ色であるかのように語ります。そういう人が「安倍政治NO！」と絶叫しているのが不思議ですが。憲法典の条文で民主的かどうかが測れるのなら、日本国憲法下の国政選挙で連戦連勝している安倍晋三さんは、戦後最も民主的な総理になるのですが、彼らは納得いかないようです。申し訳ないですが、頭の悪い人は無視します。

後者の部分肯定派は、戦前も民主的だった時期があるけれども不十分だったとの立場です。この人たちの言うことには、三分の理があります。しかし、しょせんは当時の事実ではなく後世からの色眼鏡で歴史を裁く人たちですから、私はこの人たちの意見に首肯しません。私のこの人たちへの批判点は、本書全体を読んで判断していただければと思います。

さて、明治に非民主的な専制政治が行われていたとしたら説明できない事象があまりにも多く存在します。たとえば、明治の内閣も現代と同じように継続期間が短く、二年弱の短命政権がほとんどです。また、議会開設後の衆議院選挙では、政府側は負けっぱなしです。独裁国なら体制側が選挙で負けることは、まずありません。しかし、明治の藩閥は衆議院総選挙で全戦全敗です。「体制側が選挙で勝率〇％」の独裁国なんて、どこにあるのでしょうか。

ついでに言うと、藩閥政府は衆議院で野党（当時は〝民党〟と言った）の抵抗で苦しめられ続けます。何度も解散に追い込まれ、元老の内閣は次々と葬られます。

明治の藩閥政府を率いたのは、元老たちです。日清・日露の大戦争を強力な指導力で勝ち抜いた偉大な政治家たちです。しかし、その側面だけを見ていては、歴史の重要な事実を見落としてしまうのです。

明治から現代に至る日本の憲政史、すなわち憲法というルールに基づいて行われる政治というゲームの歴史を読み解く鍵は、拒否権です。帝国憲法でも現行憲法でも、「何ができるか」という指導力ではなく、「何をさせないか」という拒否権で、日本の政治は動いているのです。要するに、「誰が一番、人の邪魔をするのがうまいか」を見ないと、真の権力者が誰だか、わからなくなるのです。

ここで「拒否権」とは何か、定義しておきましょう。

「拒否権」とは、広義には「政策を実行させない力」です。

これは政治家だけでなく、官僚も持っています。例えば、自他ともに「官庁の中の官庁」と認める財務省主計局は、たいていの政治家に対し拒否権を持っています。政治家が

「地元に道路が欲しい」「体育館を造りたい」と言っても、主計局の役人の「どこにそんな予算がありますか（できません）」の一言で終了です。「できません」と拒否権を行使するまでもなく、諭すだけで終わりです。優秀な自民党政治家の条件は「予算をとってこられること」ですから、主計局に頭が上がるわけがないのです。広義の拒否権は、主計局だと係長だって持っています。いくら自民党が与党だって、若手議員なんて主計局の係長より権力が無いのです。

日本の最高権力者は総理大臣です。その「伝家の宝刀」とされるのが、衆議院の解散権です。「衆議院の解散」を言い換えれば、「代議士全員をクビにすること」です。総理大臣は衆議院全体に対し、拒否権を持っているのです。解散すれば総選挙になり、総理の支持派が勝てば政権継続、負ければ退陣。衆議院が逆らえば、総理は解散で対抗することになります。与党の造反に解散で切り返した、小泉純一郎総理の郵政解散を今でも覚えている人は多いでしょう。あの時、造反派は与党を追い出され、多くの代議士が落選に追い込まれました。

衆議院議員全員に対する拒否権を通じて、総理大臣は衆議院を支配しているわけです。

この衆議院の解散は総理大臣一人の権限で、どうしても総理大臣が「解散したい」と言い張れば止める方法がありません。一応は閣議での署名が必要ですが、反対する大臣を全員罷免して自分で兼任すれば、解散できます。

たいていの首相は、総選挙で勝てそうもない時には解散しないものです。周囲が「今はやめておきましょう」と止めます。普通の人間は政権を失いたくないものです。しかし、そんな事情をかなぐり捨てて、総理大臣が「僕は何が何でも解散したいんだ！」と言い張れば、本当に止める方法がありません。

平成二十四年十一月、当時の野田佳彦総理大臣は「僕は小学校の時から正直者と言われてきた。嘘つきと呼ばれたくない」という驚愕の理由で衆議院を解散しました。この時、当時の与党民主党幹部全員が止めたにもかかわらず、総理大臣が解散すると決めたので、実行されました。後世の人がこの本を読んで嘘だと思われたら困るので、議事録から該当部分を引用しておきます。

私は小学校の時に家に通知表を持って帰った時に、とても成績が下がっていたので親父に怒られると思いました。でも親父はなぜか頭を撫でてくれたんです。5や4や3、そんなの気にしなくて、生活態度を書いた講評のところに「野田くんは正直の上に馬鹿がつく」と書いてありました。それを見て親父は喜んでくれました。

（平成二十四年十一月十四日党首討論）

そして、この後「(明後日の)十六日に解散をします」と宣言し、本当に衆議院を解散します。支持率激下がりで「こんな時期に解散なんてとんでもない」と野田首相を止めていた当時の民主党幹部は唖然としたでしょうし、党首討論で何の前触れもなくこんなことを言い出された安倍晋三自民党総裁も茫然としていました。

話を戻しますが、日本の憲政史における権力とは、拒否権のことなのです。拒否権とは狭義には、「内閣を総辞職に追い込む力」です。広義の拒否権を語り出すとキリがないので、本書では狭義の拒否権の歴史を追います。

本書を読んでいく上で気を付けておいてほしい概念が、二つあります。権限と影響力の区別です。

権力(power)を、イギリス憲法学では二つに使い分けています。すなわち、権限に基づいているものを命令権限(power of command)、権限に基づかずに言うことを聞かせる力のことを影響力(power of influence)といいます。後者は政治力と訳す場合もあります。

世の中は権限だけで動くわけではありません。インテリジェンス(諜報、情報、影響力工作などの訳語)などは典型的な影響力です。具体的には、他人の弱みを握る、脅す、宥《なだ》めすかす、たぶらかす、買収する、ハニートラップにかけるなどの活動のことです。

ただ、権限を無視して影響力について論じては本質を外し、単なる政局論に堕してしまいます。したがって、まずは諸々《もろもろ》の影響力でなく、誰がどのような権限を持っているのか、その人がどれくらい影響力・政治力を持っているかを考えていきます。

さて、明治以来、我が国では真の権力者は誰だったのでしょうか。

世界一わかりやすい日本憲政史　明治自由民権激闘編――［目次］

第二章　右往左往の憲法政治への道

第三章　買収と裏切りの第一回議会

第四章 日清戦争への涙ぐましい努力

第五章 隈板内閣の悪夢

第八章 運命の年、明治四十年

装幀——赤谷直宣

序章

世界一簡単にわかる帝国憲法の話

帝国憲法における四つのプレーヤーを見抜け！

本書では、拒否権を軸に憲政史について語っていきます。憲政史とは、憲法というルールに基づいて行われた政治というゲームの歴史です。そのルールに当たる、当時の帝国憲法について解説します。

まずは左頁の「帝国憲法概略図」を御覧ください。

ゴチャゴチャしていて、訳がわからないと思います。これは日本近代史の専門家なら、「これくらいわかっておけよ」という図なので、「そんなものか」で流してください。

普通の人は、一八頁の「世界一わかりやすい帝国憲法の図」だけで構いません。

天皇は、戦前も現在と同じく、自分で権力を振るうことはありません。臣下が代わって責任を負います。

帝国憲法のルールに基づく戦前の政治において、プレーヤーは四つです。「元老」「内閣」「衆議院」「その他」です。その他は「官僚機構」と言い換えてもだいたいの意味は通じます。戦前の憲政史は、この四者の関係を見れば、どのような運用をしていたかがわかります。それぞれ説明しましょう。

帝国憲法概略図

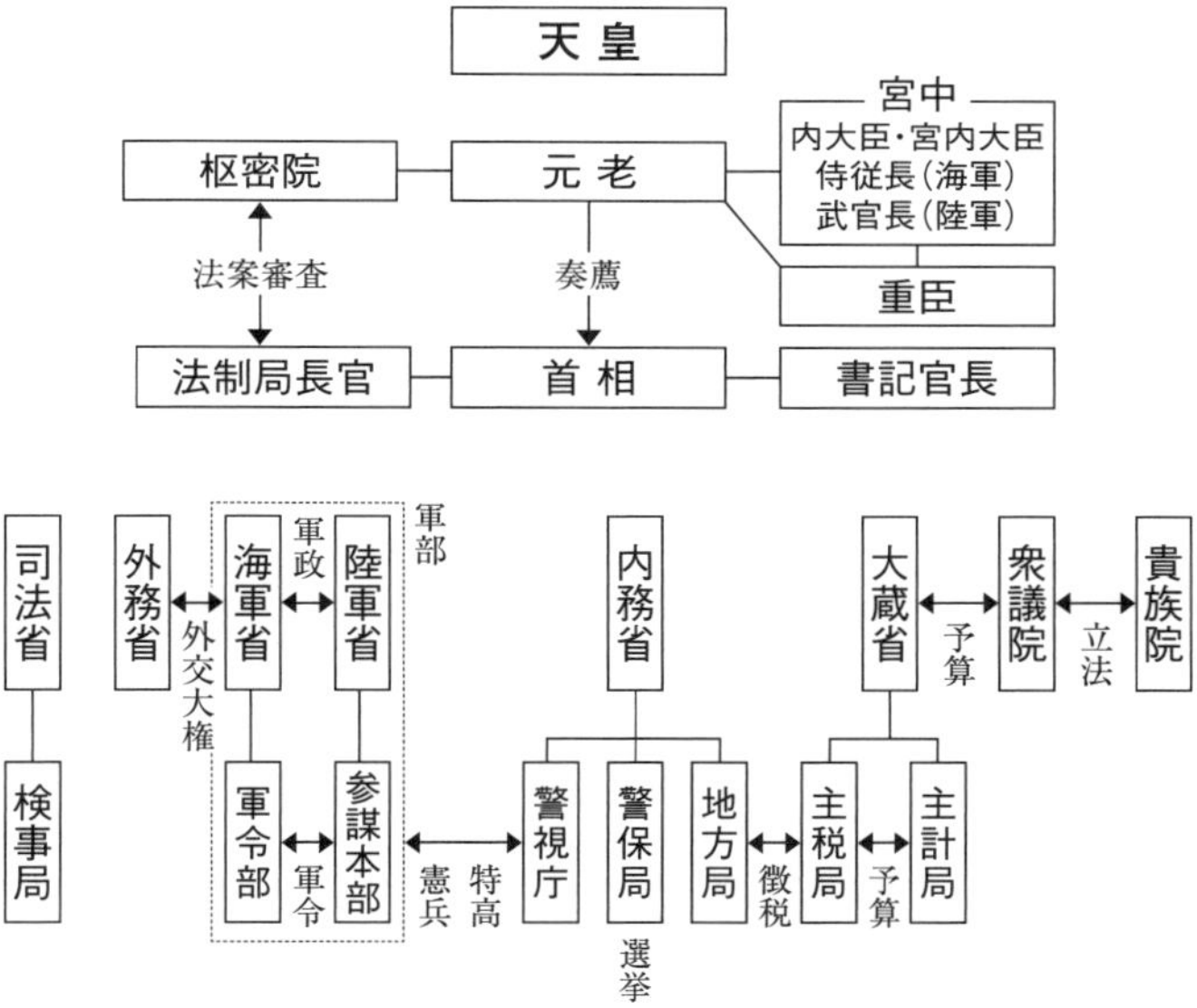

元老は、幕末維新の元勲に与えられた地位です。法的根拠は、天皇の勅語（お言葉）です。歴代元老は伊藤博文《いとうひろぶみ》、黒田清隆《くろだきよたか》、山県有《やまがたあり》朋《とも》、松方正義《まつかたまさよし》、井上馨《いのうえかおる》、西郷従《さいごうつぐ》道《みち》、大山巌《おおやまいわお》、桂太郎《かつらたろう》、西園寺公《さいおんじきん》望《もち》、の九人です。公家の西園寺以外は、すべて薩長の政治家・軍人です。維新の三傑と言われた大久保利通、西郷隆盛、木戸孝允《きどたかよし》、それに岩倉具視《いわくらともみ》が死去した後、その次の世代の人たちが政界の長老となりました。その地位が元勲、そしていつの間にか元老と呼ばれるようになったのです。

ちなみに西園寺公望は戊辰《ぼしん》の役

世界一わかりやすい帝国憲法の図

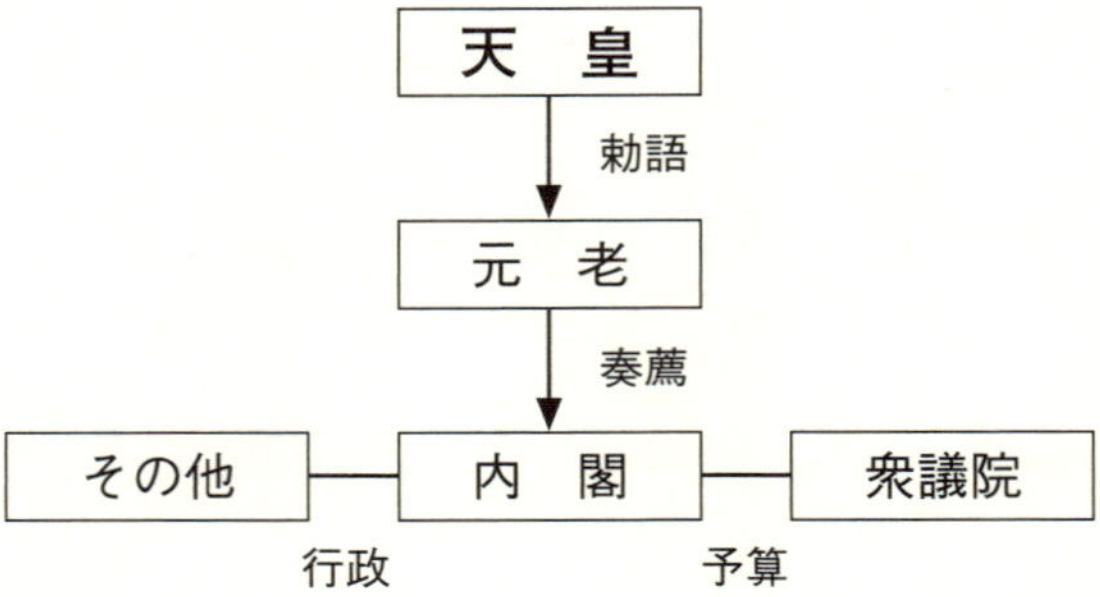

で北陸地方を転戦し、一応は戦っているのですが、別にたいして維新に功績があったわけではありません。それでも西園寺が元老となったグダグダな理由は、本書を読めばおわかりになると思います。

明治十八（一八八五）年の内閣制度創設以来、元老が内閣を組織していました。それが明治中盤からは自分では内閣を組織せず、他の政治家を首相に推薦するようになります。首相を推薦することを特に「奏薦《そうせん》」と言います。元老の奏薦に対し、天皇は意見を言うことはあっても、権限はありません。確かに　帝国憲法十条には「天皇ハ行政各部ノ官制及文武官ノ俸給ヲ定メ及文武官ヲ任免ス但シ此ノ憲法又ハ他ノ法律ニ特例ヲ掲ケタルモノハ各〻其ノ条項ニ依ル」と書いてあるのですが、実際の運用では、元老が首相奏薦の権限を持ち、同時に責任を負うことになります。

こうしたことから、元老のことを「奏薦集団」と言います。最後の元老である西園寺公望が引退すると（やる気をなくすと）、内大臣や重臣（元首相と枢密院議長）が、奏薦集団となります。

この言葉は、偉大な憲政史家であられた升味準之輔《ますみじゅんのすけ》先生の造語です。日本近代政治史を研究する者は、升味先生の大著、『日本政党史論』全七巻（東京大学出版会、一九六五～八〇年）を読むのが、最初の義務です。これを読まずして、発言権無し。

インターネットの普及により、玄人と素人の境界が曖昧になりました。素人よりレベルが低いプロを名乗る者も登場しましたし、素人の発言が格段の拡散力を持つようになりました。しかし、言論には「議論参加資格」があります。特に、学問には。別に誰か権威の話を妄信しろと言っているのではなく、「先行研究をちゃんと読んで、理解して、その上で批判するなり自分の意見を打ち立てるなりせよ」ということです。公の場で発言するなら。

ちなみに私は生前の升味先生には十回ほどお会いしたことがあって、「都民カレッジ」というところで連続講演をされていたので、講義のあとは食堂でババロアを食べながら、いろんなお話を伺っていたのは良い思い出です。大学院での師匠は鳥海靖先生なのですが、専門の憲政史において鳥海先生以外で最も影響を受けたのは升味先生であり、私の憲政史の土台は鳥海先生と升味先生です。

閑話休題。

内閣は政治の最高権力を司る主体です。「大臣会議」のことを内閣、その議長を「内閣総理大臣」と言います。略称が「総理」、別名が「首相」。時々使い分けても基本的に意味が同じなので、気にしないでください。

内閣は政治の主体ですから、基本的に「推進集団」です。ただし先に説明したように、衆議院の解散などは代議士全員に対する拒否権の行使ですから、一概に「推進」とは言えないですが、あまり厳密さにこだわりすぎると話が細かくなりすぎて本質を見失いがちなので、気にしないで行きましょう。

「その他」で一括りにした集団には、枢密院・貴族院・陸海軍・その他官僚機構があります。この人たちは官僚機構で一括りにしてよいのですが、かえって誤解を招くので「その他」にしました。話の都合で、「その他（官僚機構）」と書く場合もありますが、気にしないでください。内閣は行政権限により言うことを聞かせます。

枢密院は、議長・副議長・書記官長・顧問官（二十人くらい）で構成されました。今で言うと、事務次官OBが集まっています。天皇の諮問に応じるという建前で、憲法問題・外交問題（特に条約の審査）・重要法案の審議などを行っていました。本人たちは、後輩の現役官僚よりも格上意識を持っていました。先輩なのだから、当たり前ですが。

貴族院は、一部以外は選挙で選ばれているわけではありませんが、一応は政治家の集まりです。もっとも近代国家では、選挙が無ければ政治家と官僚の区別なんてないのですが。実際、選挙で選ばれた衆議院が暴走しないように設置された存在です。議員に官僚ＯＢが多かったこともあり、利害関係はその他の官僚機構と同じ場合が多かったのです。ちなみに貴族院議員よりも枢密顧問官の方が序列は高く、貴族院は枢密院の二軍のような存在でした。本来の権限はそれなりに強いはずなのですが、実際には政権に対する拒否権を行使するような実力は持ち合わせていませんでした。

陸海軍は、文官に対し武官として区別されていました。一括りに「軍部」という俗称もあります。単なる官僚ではないという意味です。「統帥権《とうすいけん》の独立」として独立王国であったかのようなイメージがありますが、実際には権利がなく義務ばかりです。たとえば、軍人には選挙権がなく、政治に口を出してはならない、など。そもそも「統帥権の独立」の趣旨は、素人の政治家に軍事に口を出されては困る、です。その解釈の幅は、時代によってアメーバのように伸びたり縮んだりするのですが、本来の解釈は「緊急時の行動と秘密事項に関しては、当事者の裁量に任せる」です。

本書でも重要な争点になりますので、出てきたら思い出してください。

官僚機構の中で重要なのは、内務省です。明治六（一八七三）年に大久保利通が創設した日本近代化の主体です。地方行政と警察をはじめ、巨大な権限を有していました。戦後の官庁で言うと、自治省（総務省）、警察庁、建設省&国土庁（国土交通省）、厚生省&労働省（厚生労働省）、環境庁（省）の仕事を一手に引き受けていました。巨大な推進力です。ただし、言うほどの権力はなかったのですが、それは本文を読んでのお楽しみ。

ちなみに、現在では「官庁の中の官庁」と威張る財務省も、明治どころか大正までの大蔵省には何の権力もありません。維新の草創期には大久保利通が大臣（大蔵卿《おおくらきょう》）を務めた実力官庁だったのですが、その仕事の大半を内務省に移管してからは、「日本国経理部」に徹していました。何かのリーダーシップを発揮した、ということはありません。

というのは、江戸時代の年貢による米納をやめ、現金による納税という今に至る制度を作るのに忙しかったのです。しかも各地の藩ではなく、東京の中央政府に一斉に集める仕組みです。しかも、明治の日本は貧乏ですから配れる予算なんて無く、使い道の大半は日清日露戦争の戦費と決まっていました。だから、予算のさじ加減で他省庁に権限を行使するなど、ありえなかったのです。

さて、「その他」の皆さんは元老の子分です。明治期は、基本的に長州か薩摩の手下です。言うことを聞きます。では元老の内閣は無敵かというと、一つだけ聞き分けのない集団がいます。

衆議院です。この人たちだけは選挙で選ばれます。

通説
明治憲法下の衆議院は、元老・枢密院・貴族院・軍・官僚機構などと比べ、最弱の存在だった。何の権限もなく、唯一与えられたのは、予算の先議権だけだった。

バカじゃないでしょうか。これが長らく日本近代史の通説だったのですから、呆《あき》れます。

もちろん一部のマトモな研究者は「んな訳ねえじゃん！」と思っていましたが、歴史学者って基本的にオタクなので、他人の研究に興味が無いのです。実際、「自分の専門以外は高校の授業で習った通り」という研究者は少なくありません。

では、この通説の何が問題かを検証しましょう。

まず、予算とは国家の意思です。予算は内閣（大蔵省主計局）が作成しますが、議会が認めなければ、実行されません。そして先に衆議院に提出され、衆議院が認めたら貴族院に回ります（帝国憲法第六十五条）。

衆議院の認めた予算を貴族院が認めたら、衆議院の意思を承認したことになります。貴族院が修正しても、衆議院が認めなければ通りません。この場合の先議権は、決定権と同じなのです。建前上、貴衆両院は対等なのですが、この一事で衆議院は優越しているのです。

似て非なるのがアメリカの上下両院で、予算に関して下院に先議権はあるのですが、上院の同意が無ければ成立しません。完全対等です。予算が成立しなければ、妥協が成立するまで政府を閉鎖します。しかも、それが年中行事という国です。

戦前日本の場合は、貴族院が予算を否決しても、前年度予算を執行しますので政府閉鎖は起こりません。単に貴族院が駄々をこねたというだけで終了です。そして貴族院は「二軍」なので、歴代内閣はあの手この手で操縦できたのです。しょせん、元老からしたら子分ですから。

ところが、衆議院は違います。何が違うかというと、元老に恨み骨髄の自由民権運動の皆さんです。言うことなんか聞きません。そして元老は選挙で彼らに全戦全敗……。

元老の内閣が作った予算は、ことごとく自由民権運動の闘士が立てこもる衆議院に潰《つぶ》され続けたのです。予算を潰される、あるいは重要な修正を迫られると、内閣を投げ出さざるをえません。たとえば、「軍艦を作りたいので増税させてください！」と予算を提出しても、「イヤじゃ！　むしろ減税して軍艦を作れ！」などと言われると、政権を維持できません。

当時の衆議院は、「拒否権集団」だったのです。

誰が内閣を組織するかで、推進集団と拒否権集団が入れ替わる

帝国憲法における政治のプレーヤーは、「元老」「内閣」「その他（官僚機構）」「衆議院」です。ここで、奏薦集団・推進集団・拒否権集団という言葉が出ました。

明治において、奏薦集団は元老です。内閣は推進集団です。官僚も仕事をする上では、実際の行政を動かしていますから、推進集団です。

しかし、誰が内閣を組織するかで、推進集団と拒否権集団は入れ替わります。さらに勝手に元老に代わって奏薦集団になってしまう二人組まで登場するのですから、憲政史とは摩訶不思議なものです。

この、「誰が内閣を組織するかで、推進集団と拒否権集団は入れ替わる」という法則を、さっきの「世界一わかりやすい帝国憲法の図」（一八頁）に当てはめてみると、戦前日本憲政史の実態が見えてきます。帝国議会開会（一八九〇年）から大東亜戦争の終戦（一九四五年）まで、大きく四期に分けることができます。

第一期（1890～1901、第一次山県有朋内閣～第四次伊藤博文内閣）

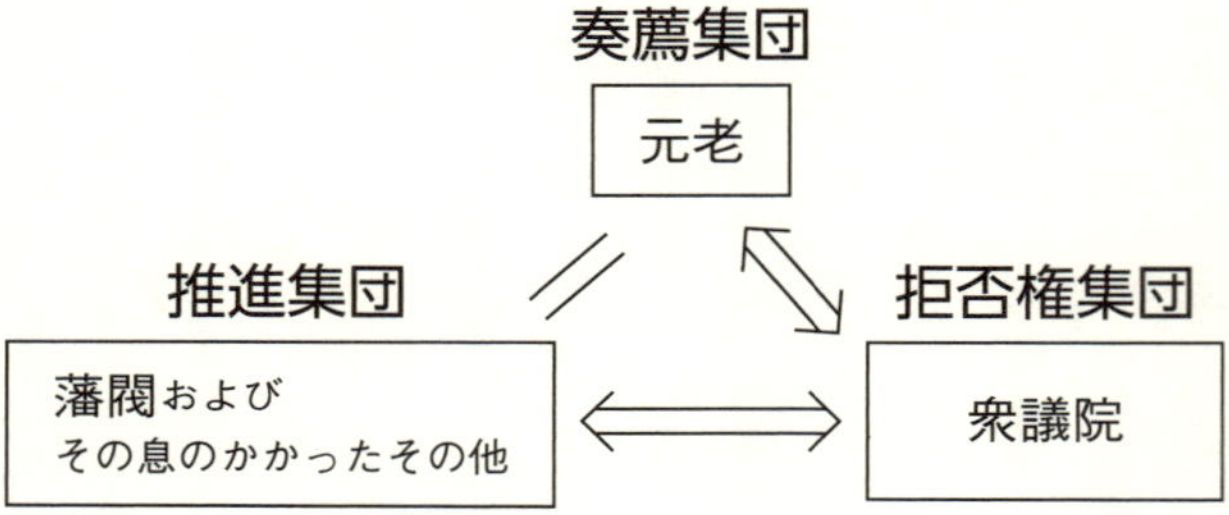

この時期は、元老が内閣を作ります。そしてことごとく、衆議院に潰されます。

枢密院・貴族院・陸海軍・官僚機構は、どの機関においても、明治維新の立役者である薩摩・長州のどちらかの息がかかっています。それぞれ長州閥・薩摩閥を形成していて、派閥間の対立はあるのですが、薩長は一緒に倒幕を行った仲間ですから基本的に合意はできます。それで、奏薦集団（元老）が自ら推進集団（内閣）を形成し、その他官僚機構もすべて自らの息のかかった人材を送り込んで押さえています。

ところが、唯一、言うことを聞かないのが衆議院です。選挙で選ばれる衆議院だけはコントロールがききません。その衆議院が拒否権集団となって、内閣は次から次へと潰されるのです。このせめぎあいが明治三十一（一八九八）年の第三次伊藤内閣まで続きます。

その間、明治二十七（一八九四）年には、日清戦争という国を挙げた大事業がありました。こんな状態で戦争など、どうやってできたのでしょうか。もちろん問題がまったくなかったわけではありませんが、戦争の時だけは議会は満場一致で政府支持でした。この時の衆議院は、自由民権運動の活動家たちが牛耳《ぎゅうじ》っていました。彼らは基本的に対外強硬論ですから、戦争には大賛成です。そんなわけで、例外的に挙国一致体制ができあがりました。しかし、戦争以外の時は、長州閥が板垣退助《いたがきたいすけ》（自由党）、薩摩閥が大隈重信《おおくましげのぶ》（立憲改進党）と組んで、誤魔化しながら政権運営をします。長州が行き詰まると薩摩へ、薩摩が行き詰まると長州へ、と協力してくれる政党を、とっかえひっかえしながら。

そんな板垣と大隈ですが、帝国議会開設から十年ほど経ったころにハタと気づきました。「俺たちが組んだら最強なんじゃないか⁉」と。そして、衆議院解散中に両者が手を組んで憲政党という衆議院に九割の議席を持つ巨大野党を作るのです。「九割の議席を持つ野党」というのは、議院内閣制が当たり前のようになっている現代の感覚では、非常に奇妙な響きがあるかもしれません。しかし、衆議院でどんなに多くの議席を持とうが閣僚を出していませんから、野党です。

とはいえ、そんな巨大野党を無視することもできず、元老たちは仕方なく大隈と板垣に政権を任せました。すると、組閣の最中に組閣本部が十個ぐらい乱立するわ、いざ内閣を作ったらアメリカに宣戦布告しそうになるわ、などなど目も当てられない状況になり、政権担当能力がないことがバレてしまいます。大隈内閣は四か月で自滅します。

そこで、衆議院対策に頭を悩ましていた筆頭元老伊藤博文は考えました。「自分で政党を作り、それを与党にすればいいじゃないか」と。

そして明治三十三（一九〇〇）年に誕生したのが立憲政友会です。しかし、伊藤は党内をうまくまとめきれず、投げ出してしまいます。そして、伊藤は三年後には政友会総裁の座を退き、後任には西園寺公望が就きます。

元老の第一世代では、伊藤博文と山県有朋が二大巨頭でした。伊藤博文の後継者が西園寺なら、山県有朋の後継者は桂太郎です。第四次伊藤内閣を最後に、元老の第一世代は自分で内閣を組織しなくなります。第二世代の代表が桂です。

桂は考えました。「自分が衆議院と仲よくできれば、揉《も》めないじゃないか！」と。

桂は、衆議院第一党の政友会（総裁は伊藤から西園寺へ）との協調を模索し、成功します。約十二年間、二人は交代で総理大臣を務めました。明治三十四（一九〇一）年から大正二（一九一三）年まで、この二人が交互に総理大臣になった期間を「桂園《けいえん》時代」といいます。

第二期（1901～1924、第一次桂太郎内閣～清浦奎吾内閣）

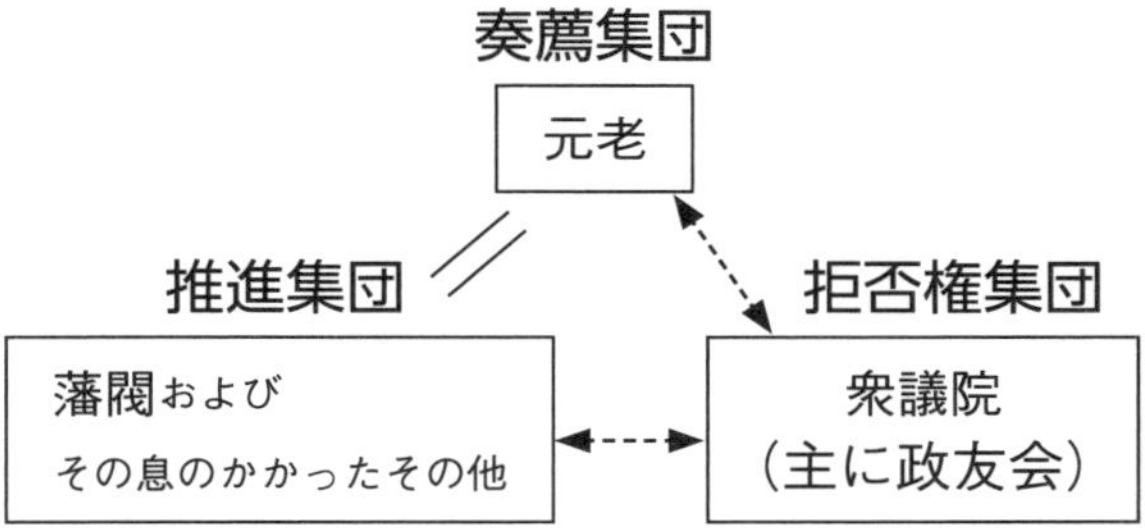

西園寺が政友会を、桂がその他（官僚機構）を押さえます。総理大臣候補が桂と西園寺の二人だけなので、陰謀の入り込む余地はなく、非常に政治は安定しました。この体制で日露戦争を乗り切りました。

日露戦争中は、国が滅びてしまうという危機感があり、政友会も協力しました。それが、いざ戦争に勝ってしまうと、遠慮会釈なく政党内閣を目指し出します。「国民はさんざん戦争に協力したのだから、もっと権利をよこせ」というわけです。

実際のところは、政党に政権担当能力などないのに。ただ、多くの官僚が政党入りし、政党も徐々に行政能力を身に付けていきます。何度も与党として大臣を経験する内に、政権担当能力も身に付けてくるのです。この時代、特に力量を発揮したのが、原敬《はらたかし》です。もともとは外務次官まで務めた官僚でしたが、伊藤博文に政友会の初代幹事長に抜擢され、何度も内務大臣を務めるうちに、実力を身に付けていきます。この場合の実力とは、政局と政策の二つの能力です。

第二次西園寺内閣の倒壊から協調関係は破れ、第三次桂内閣は第一次憲政擁護運動で五十日の短命に終わります。そして、「総理大臣は衆議院選挙に勝った第一党総裁に限るべきだ」とする政党政治を求める衆議院に、元老とその他（官僚機構）が見苦しく抵抗する時期が、大正時代です。

なお、衆議院第一党である立憲政友会総裁として内閣を組織した原敬だけは、誰も拒否権を行使できず、最強でした。原が暗殺（一九二一年）されると、元の木阿弥《もくあみ》でしたが。最終的に政党政治の要求は、大正十三（一九二四）年の第二次憲政擁護運動で実現します。「憲政の常道」です。

伊藤博文が立ち上げた政党が、立憲政友会。一九〇〇年の結党から三二年までの期間の内、約二十五年は与党にいます。今の自民党の原型です。

政友会は当初から派閥抗争と腐敗が甚だしく、創設者の伊藤博文も早々に投げ出します。政友会の腐敗に憤った桂太郎は、桂園時代の協調を捨て、自ら新党結成に乗り出します。桂の死後、同志会〜憲政会〜民政党と名前を変えながら、政友会に対抗できる二大政党の

第三期（1924～1932、加藤高明内閣～犬養毅内閣）

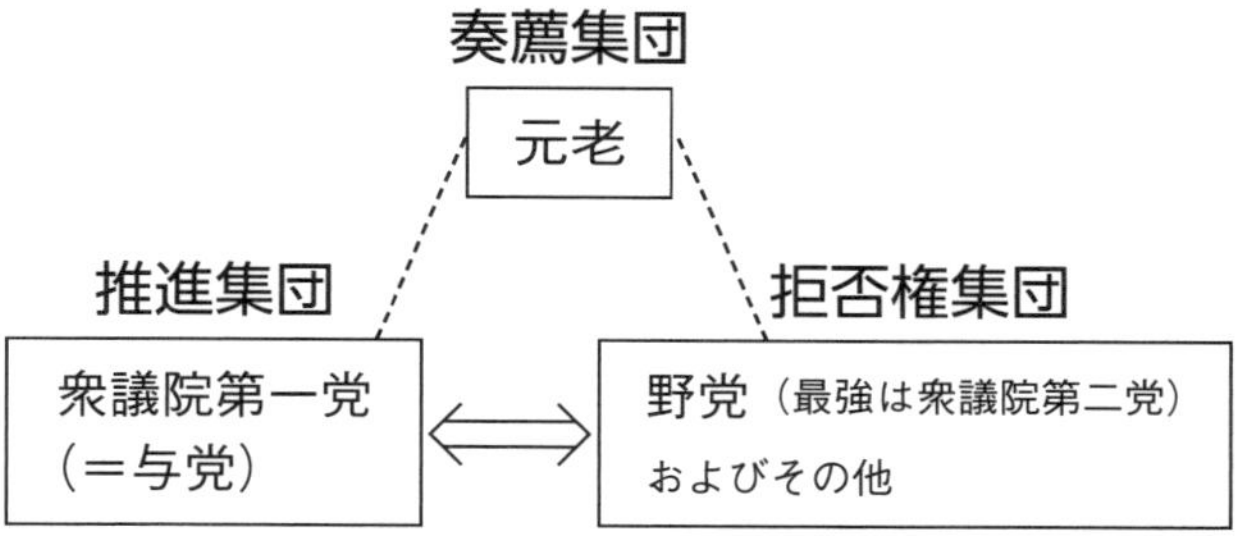

一翼に育ちます。

大正十三（一九二四）年から昭和七（一九三二）年までの「憲政の常道」においては、政友会と民政党（憲政会）の総裁だけに総理大臣の資格がありました。衆議院第一党の党首が内閣総理大臣になり、その内閣が倒れたら野党第一党の党首がそれを引き継ぐという「憲政の常道」が定着していきます。

選挙で選ばれた議員が内閣を組織し、予算を作成するので、衆議院が予算を否決することはありません。そのため政権は安定します。そして、推進集団である内閣は予算を通じて「その他」すべてを統制します。選挙で勝った第一党が政治を行うという現代に近い政治制度モデルなので、これまでの構図よりは理解しやすいかと思います。

「首相は選挙で選ぶのだから、もう元老なんかいらない」。それが第三期の特徴です。この時もまだ元老は一応いるにはいます。相変わらず奏薦集団を成していますが、憲政の常道に従って総理大臣を推薦しています。そして、衆議院第一党が内閣を押さえたので、推進集団は政党です。

では、拒否権集団はどこでしょうか。教科書や入試問題などを見ていると、枢密院や軍などが内閣打倒の黒幕として大きくクローズアップされているのですが、彼らが単独で内閣を潰したことは一度もありません。イニシアチブをとったのは彼らかもしれませんが、必ず野党第一党と組んで事をなしています。二大政党制において、実際に力を持ち最大の拒否権集団を成しているのは野党第一党なのです。ですから、枢密院も軍も「その他」枠です。

教科書より少し深入りした一般書などでは、政友会が枢密院や軍と示し合わせた話が多く載っていますが、民政党も貴族院や宮中とつながっているのでお互いさまです。このように一見安定していたかのように見えながら、昨今のモリカケ騒動など子供の遊びに見えるような激しすぎる政権争奪が行われていたのが第三期の政治状況です。

日常的な政争と汚職の暴露合戦、対外政策の失敗、大不況。二大政党は、国民に呆れられました。そして、昭和七（一九三二）年の五・一五事件で犬養毅《いぬかいつよし》が暗殺されて「憲政の常道」が終焉します。国民はたいして嘆き悲しんでいませんでした。むしろ、満洲事変

第四期（1932～1945、斎藤実内閣～鈴木貫太郎内閣）

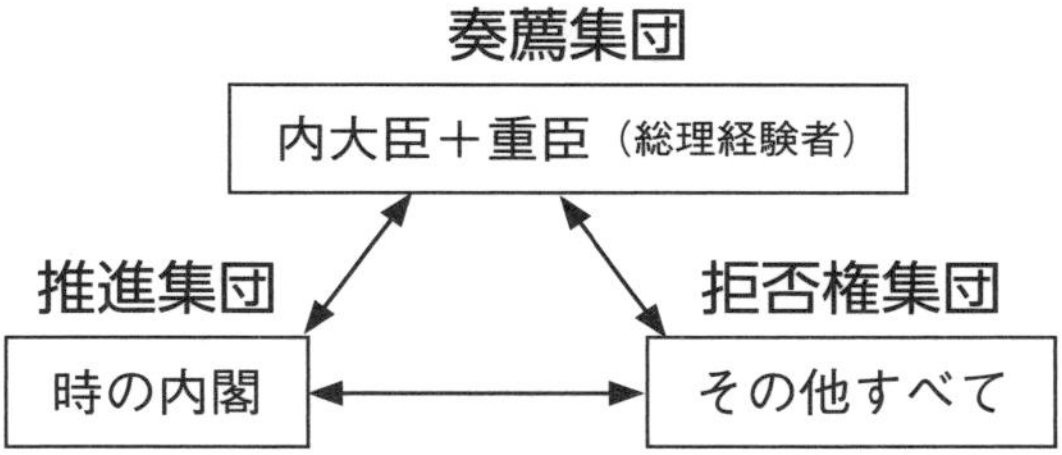

を起こして連戦連勝の軍を支持する有様です。

以後、敗戦までの十三年間で十三代の内閣が登場する時代が到来します。同じ時期、よその国は独裁者が登場します。

ソ連は、スターリンが一九二四～五三年まで独裁。一九三三年には、アメリカにフランクリン・ルーズベルト、ドイツにアドルフ・ヒトラーが登場。仲良く（？）一九四五年まで、それぞれの国で政権を独占します。イギリスも第二次大戦が本格化した一九四〇年からはウィンストン・チャーチルが挙国一致内閣を組織します。

一方の日本はというと、三度にわたり内閣を組織した近衛《このえ》文麿《ふみまろ》が二年半、対米開戦から独裁者のようにふるまった東條英機すら三年弱です。この二人以外は、戦争中なのに一年と持たずに内閣が変わる体たらくです。

奏薦集団は、西園寺公望が最後の元老でしたが、重臣会議に移行します。内大臣・枢密院議長・元首相の談合で決めようというのです。実際は、天皇のハンコの管理係にすぎない役職だった内大臣が取り仕切るようになります。何の権威もありはしません。

総理大臣がコロコロ変わるというと、軍部が潰したような印象があると思います。この場合の軍部とは、陸軍というなら部分的には正しいです。海軍は予算獲得に狂奔するあまり、政局からは距離を置いていましたので、内閣を潰したことはありません。

昭和十年代の政治を見ると、拒否権集団として暴れまわりながら「国策遂行だ！」と推進集団ぶりを発揮するのが陸軍です。政策では推進集団、政局では拒否権集団です。しかし、陸軍は内閣を潰して自分が内閣を組織すると、もっと早く自分の内閣を潰されるのです。独裁者と言われた東條英機だって、一人の閣僚（岸信介国務大臣）から辞表提出を拒否されて退陣に追い込まれる弱体ぶりです。

この時期、あらゆる機関が拒否権集団化してお互いに潰しあっているのです。どこにも中心がありません。

東京裁判以来、「日本は侵略戦争の陰謀を企んでいた」という妄想が蔓延《はびこ》っています。バカも休み休み言えとしか、言いようがありません。どこに真面目に侵略戦争など企む能力があった勢力がいたのか。買いかぶりすぎです。

日本憲政史は、拒否権で見よ！

第一期〜第四期を、通説と現実で対比させましょう。

通説

第一期　有司専制。ただし、自由民権運動という誇らしい活動もあった。
第二期　大正デモクラシーの時代。少し民主化が進む。
第三期　せっかく実現した憲政の常道は脆弱だった。
第四期　軍部の主導によって侵略戦争を遂行。

現実

第一期　元老の内閣が衆議院（自由民権ども）に潰される。
第二期　桂は衆議院（政友会）と仲よくできたが、後の連中は喧嘩。
衆議院第一党が自分で内閣を組織した原敬内閣は無敵。
第三期　二大政党の潰しあいがひどすぎて、「憲政の常道」は自滅。

第四期　全員が拒否権集団化して、お互いに潰しあい。

何を実現したかという指導力ではなく、誰が誰を潰したかという拒否権を通して見ると、まったく違う世界が見えてきます。

では、大枠がつかめたところで、細かく日本憲政史を見ていきましょう。

第一章

藩閥対自由民権——政党の源流は怨念にあり

政府から追い出された怨念で政党ができた

今に至る我が国の政治は、薩長《さっちょう》藩閥政府と自由民権運動の対立から始まります。最初に公式を示しましょう。

板垣自由党→政友会→自由党＝田舎の地主の代表
大隈改進党→民政党→民主党＝都市のインテリの代表

この両者が合同して自由民主党になり、官僚とヨロシクやっているのが、今の日本の政治です。ちなみに、政党の名前はコロコロ変わるので、気にしないでください。

今の自民党は、自由党と日本民主党が対等合併した政党ですが、組織構造としては政友会が民政党を吸収した格好です。言ってしまえば、田舎者が都会の金を食い物にしている政党が、自民党です。

自民党は二〇〇九年の総選挙で大暴風雨をくらったような大敗を喫しましたが、そんな時ですら田舎では負けていません。板垣自由党〜政友会以来の地盤が、根付いているからです。

保守政党であった大隈改進党～民政党の地盤は、占領期にGHQの弾圧で壊滅させられました。そこに入り込んだのが、革新政党の社会党です。昭和二十年代、自由党と民主党が本気で潰しあいをしているうちに社会党は勢力を伸ばし、のみならず「保守二大政党の争いは、社会党と組んだ方が勝つ」という事態にまでなりました。これに危機感を抱いた保守陣営が自由党と日本民主党を保守合同させ、自由民主党（自民党）が結成され今に至ります。

当時は冷戦期で、ソ連の手先である社会党を封じ込めるために、自民党がアメリカの代理人として政権を独占するという憲政の運用を行ったのです。

じゃあ、ソ連も社会党もいなくなったんだから、自民党なんかいらないんじゃないか？と思われたアナタ！

鋭い！　私も、そう思います。

ただ、一度つかんだ権力は放したくないのが人情です。普通の人ですらそうなのに、ましてや政治家をや。他人が奪いに来たら排除します。実際、自民党は戦前の二大政党が合併した巨大政党です。ちょっとやそっとじゃ負けません。要するに、自民党は特に存在意義はないけれども、他の強い政党が無いので、惰性で政権を維持しているのです。

こうした状況を打破しようと多くの新党が泡のように浮かんでは消えました。そうした新党の特徴なのですが、自民党脱党者が作った新党以外はすべて都市から発生しています。今や懐かしい名前を挙げていきますが、新自由クラブ・日本新党・民主党・みんなの党・維新の会・希望の党……。いずれも地方に切り込めませんでした。

自民党がグダグダでも、他の政党はもっと弱い。こうした現代の構造を理解するためにも、源流にさかのぼる必要があるのです。

まずは、明治政府の成り立ちから、お話ししましょう。

明治政府は、俗に薩長土肥の藩閥政府と言われます。しかし、真っ先に討幕に動いたのは長州で、薩長同盟を結んでリスクをとって戦ったのが薩摩です。

こうした流れに土佐は優柔不断で、慶応四（一八六八）年一月の鳥羽伏見《とばふしみ》の戦いに板垣退助が独断で参加したので、面目を保った次第です。その後の戊辰の役では主力として戦い、藩閥の一翼に割り込みました。肥前に至っては鳥羽伏見の戦いの時点ではまだ徳川方で、その後の追撃戦から薩長に味方します。

つまり、土佐も肥前も、明治元年になってからの滑り込み組なのです。だから、薩長からみたら土肥は、「勝ち馬になったら乗ってきただけの奴ら」です。

ところが、明治六年の政変で維新の三傑と言われた元勲が分裂します。朝鮮問題をめぐり、大久保利通&木戸孝允と西郷隆盛が大喧嘩を始めるのです。世に言う、征韓《せいかん》論争です。結果は大久保らが勝利、敗れた西郷はすべての官職を辞職、政府の役人の半分も西郷に従って辞めていきました。この時、土佐の領袖《りょうしゅう》である板垣退助と後藤象二郎も辞めていきます。肥前は、反薩長の首魁《しゅかい》であった江藤新平は辞職しますが、大隈重信は大久保に従います。

薩摩人の大半が西郷に従いましたので、事実上の政府首班である大久保は、長州と大隈らの支持で政権を維持する格好になります。なおこの過程を、西郷側から描いたのが『工作員・西郷隆盛』（講談社、二〇一七年）、大久保側から描いたのが『日本史上最高の英雄《ヒーロー》 大久保利通』（徳間書店、二〇一八年）です。著者名は忘れましたが、同じ人です。どちらも涙無くして読めない傑作ですので、お買い求めください。

さて、明治六年の政変の負け組のたどった道は二通り、士族反乱と自由民権運動です。前者は、ことごとく鎮圧されました。

江藤新平は明治七（一八七四）年の佐賀の乱で処刑されます。西郷隆盛も明治十（一八七七）年の西南の役で自刃に追い込まれます。

西南戦争の顚末《てんまつ》を見て、その他の反乱予備軍たちは「日本一人望がある西郷さんでダメなら、直接蜂起の成功の可能性はなし」とあきらめ、路線を変更しました。薩長＋大隈の藩閥政府に不満な人々は、板垣退助が主導する自由民権運動に流れ込みます。

ちなみに戦後歴史学には、自由民権運動をフランス革命になぞらえるという狂った風潮がありました。フランス革命について貧農が一気に豊かな土地持ちになったかのようなイメージで語り、さらにそれと明治維新を比較して、維新は「上からの改革」であり生ぬるいと教えてきました。そして、フランス革命を担った農民運動と自由民権運動家たちを重ね合わせ、活動家たちが庶民の味方であるかのように説明されてきました。自由民権派が民衆の代表だという謎の歴史観です。事実誤認を、いくつも重ねています。

そもそもフランス革命は、都市のブルジョア（金持ち）が特権貴族に対して起こした反乱です。本当の貧農は字が読めず、革命なんて考える能力すらありませんから、武器を持って立ち上がりなどしません。

日本だって同じです。貧乏な小作人には政治活動する余裕などあるはずがありません。実際に自由民権運動を支えていたのは、けっこうな金持ち、つまり地主なのです。民衆革命の要素など、ゼロです。ゼロで言いすぎなら、近似値ゼロです。

板垣は全国を行脚し、演説で彼らを煽り、支持基盤を固めていきました。その際に「自由」や「民権」を絶叫しましたが、維新乗り遅れ組&失脚組が反政府の気炎を上げていただけです。ちなみに町田の自由民権資料館に行けば、ど真ん中に「自由」と大書した巨大な杯があります。みんなで歌を歌いながら、回し飲みをしていたのです。

さらに大隈が明治十四年の政変で、長州の伊藤博文らに政府を追い出されました。この事件は、薩摩の黒田清隆が賄賂をもらって政府の会社を自分の手下の業者（五代友厚《ごだいともあつ》）に払い下げたら（北海道官有物払い下げ事件）、大隈重信が大蔵卿を罷免されたというわけのわからない事件です。板垣や在野で人気のあった言論人である福沢諭吉らが批判の声を上げたので、政府は十年後に国会を開設する約束をしたという事件です。これで事件の全容がわかったら天才か超能力者です。私も学生時代は、わかったフリをしていましたが。真相は、後世の研究で色々と明らかになりました。

大久保利通が生きていた時代から憲法制定や議会開設は政治課題でした。他にやることが多すぎるにもかかわらず、伊藤博文らは真剣に検討していました。伊藤は大久保の子分というだけでなく、長州では吉田松陰・高杉晋作・木戸孝允の薫陶を受けています。大久保を含めた四人に共通しているのは、憲法、議会、立憲政治に並々ならぬ思いを抱いていたことです。そうした政治体制にすることは、当時は文明国の証《あかし》だったからです。こうした明治人の情熱を知るには、『帝国憲法物語』（ＰＨＰ研究所、二〇一五年）をどうぞ。これまた著者名は忘れましたが、名著です。

伊藤は、新制度導入に一番反対しそうな実力者である岩倉具視をやっとの思いで説得しました。あとは、大隈のみです。それまで大隈は、伊藤ら改革派につくのか、はたまた守旧派寄りの思想なのか、不明でした。大隈は語学もでき西洋の知識もあるので、たぶん歩調を合わせるだろうと伊藤は考えていましたが。ところが、事態は予想の斜め上にぶっ飛んでいきました。

大隈は突如として「憲法を来年には発布しましょう。そして二年でイギリス型の二大政党制をやりましょう」とか言い出します。ウルトラなスタンドプレーです。できるわけがありません。だいたい、二大政党制などマトモな政党が二つ無ければできないのに、議会を開いて二年で降って湧いてくるわけがありません。この一件で伊藤らの不信のマグマが頂点に対し、北海道官有物払い下げ事件で爆発して、事件と何の関係もない大隈をドサクサに紛れてクビにしたというわけです。このあたりの事実関係は、坂本一登『伊藤博文と明治国家形成——「宮中」の制度化と立憲制の導入』(吉川弘文館、一九九一年)をどうぞ。

こうして、明治六年の政変で土佐の板垣が、明治十四年の政変で肥前の大隈が、政府を追い出されました。「薩長政府 vs.在野の土佐&肥前」という構図ができあがります。板垣と大隈は、自由民権運動のリーダーとなります。しかし、両者の体質は水と油です。土佐とか肥前とかではなく、支持母体が違いすぎるのです。

板垣は、地方の地主たちに支持されてきました。政治活動をするにも金が要ります。士族たちを田舎の金持ちが物心両面で支援したのです。「俺たちが金を出すから、ムカツク政府をやっつけてくれよ」というわけです。あんまり深く考える人たちではありません。

一方、大隈の支持層は、都市のインテリです。金は無いので、体質的に理論先行です。板垣の数に対し、質で勝負しよう、という態度でした。大隈が反政府運動をやろうにも、日本の圧倒的多数を占める田舎は、板垣たちの地盤です。大隈は、都市に活路を求めました。

という格好ですが、大隈は最初、政治から足を洗うつもりでした。そのつもりで東京専門学校（今の早稲田大学）を作りました。しかし、政府も嫌いだけど板垣やその支持者たちともソリが合わない人たちが、大隈を担ぎ出すこととなるのです。早稲田系文化人の他に、福沢が塾長を務める慶應義塾の関係者が大隈を支援することとなります。今の、政府に媚《こ》び諂《へつら》う体質が炸裂している早慶からは信じがたいですが、早稲田も慶應も反官僚の学校なのです。早稲田は野党政治家とジャーナリスト、慶應は財界人を育てる学校です。だから、それぞれ政経学部と経済学部が看板学部なのです。発足当初から官僚養成専門学校の東大法学部が官学と言われたのに対し、私学の雄と威張っていました。なんだか意味不明に官僚を下に見ている昔と、官僚にペコペコしている今。どちらが好きかは趣味の問題でしょう。

さて、明治十四年の政変で「十年後の国会開設」が約束され、政党が発足します。

板垣は明治十四年に立憲自由党を設立、大隈も明治十五年に立憲改進党を結成します。

両者に共通するのは、国家主義を通り越して亜細亜《アジア》主義を唱える勢力と仲が良いことです。

在野の亜細亜主義勢力の頭目は、頭山満《とうやまみつる》です。頭山は、民間団体にすぎないはずの玄洋《げんよう》社《しゃ》の代表として、なぜか政官財界に広い人脈を持ちました。表で物理的なテロとかもやっている団体ですから、裏でも色んなことをやっていたんでしょう。玄洋社はさまざまな事業をしながら、政治活動も行いました。その主張は四つ。尊皇、愛国、民権、それに外国との対等です。どれも当時の正論です。頭山は自ら作った玄洋社の社長になりませんでしたが、実質的には多大な影響力を持ちます。

福沢門下の慶應義塾弁論部第一号生で政治活動では大隈の子分となった犬養毅と尾崎行雄は、筋金入りの亜細亜主義者です。二人とも大正期の護憲運動の影響で「憲政の神様」の印象がありますが、同時に生涯にわたり亜細亜主義者です。特に犬養は孫文や蔣介石とも親交があり、中国革命を支援します。

頭山ら亜細亜主義者は西郷隆盛を尊敬し、「明治維新は白人列強の横暴に対しはじまった。西郷さんの遺志は、アジア中に維新を実現することだ」と考え、朝鮮の改革運動を命懸けで支持したけど当事者（金玉均）が暗殺されたり、フィリピン独立運動に武器支援をしようとして船ごと沈んでしまったり（布引丸事件、一八九九年）という、ワールドワイドな活動を行うこととなります。

頭山は、板垣や大隈とくっついたり離れたりします。大隈に爆弾を投げて右足を奪ったのが玄洋社社員の来島恒喜《くるしまつねき》（事件直後に自決）なら、対立を繰り返してきた大隈と板垣を組ませ、憲政党そして第一次大隈内閣を樹立した立役者は玄洋社初代社長の平岡浩太郎です。

殺し合いをしながら、くっついたり離れたりするような人たちの人間関係を全部描いていたら別の本になるので、これくらいにします。ちなみに、「殺し合いをしながら」とか書いてスルーされると困りますが、これは近代史の本ですので、お忘れなきよう。

とにかく、「尊皇、愛国、民権、外国との対等」を押し立て、「政府はやる気があるのか！」と糾弾していくのが、自由民権運動です。「内に民権、外に国権」です。

「政党」と「徒党」の区別がつかなかった

明治維新とは、簡潔にまとめると、東京にお金を集める仕組みへの変革でした。

幕藩体制下においては、幕府（中央政府）の収入は直轄領から上がってくる税だけです。藩（地方政府）は独自に領地から年貢を取っていました。幕府は各大名に参勤交代をさせたり、普請工事などを押し付けたりしますが、基本的に「幕府」と「藩」は独立採算制です。

それを明治以降、地方で勝手に年貢を取らず、東京にすべての税金を集めることにしました。大久保利通が地方を管轄する内務省を設置してから地方は支配される立場となりました。その抑えつけられた地主の反発の受け皿として作られたのが板垣自由党です。

現代にもつながる大きな政党の最初が自由党なので、ここから話を始めてもいいのですが、その前にも、いろいろな政党が出現しては消えていますので、一応触れておきます。

通説

日本最初の政党は愛国公党。明治七（一八七四）年一月十二日、板垣退助・後藤象二郎・江藤新平・副島種臣らによって結成された。彼らは設立直後の十七日、民撰議院設立建白書を左院に提出。国会開設を要求し、自由民権運動の口火を切った。政府は時期尚早として、これを無視した。二月に江藤新平が佐賀の乱に参加し、愛国公党は解体した。

板垣退助は土佐に帰り、四月十日、片岡健吉・植木枝盛・林有造らと立志社を設立。離合集散を繰り返しながら、明治八年二月二十二日に愛国社、明治十三年三月十七日国会期成同盟と運動を続け、明治十四年十月二十九日に日本最初の政党である自由党が結党された。

これ、通説というより、事実の羅列ですね。嘘はありませんが、この事実の羅列に何の意味があるかは知りません。ましてや、高校生が習う日本史教科書で書く必要があるとはとても思えません。言ってしまえば、未来の日本で、民主党の変遷を覚えさせられるようなものでしょうか。

そんなことより、名前が今の政党と微妙に異なる気がしませんか。「党」ではないのです。「公党」「社」「同盟」です。自由党でようやく「党」です。当時は「政党」という概念がなかなか理解できなかったようで、福沢諭吉も「何のことかさっぱりわからない」と言っています。

政治上に日本にては三人以上何か内々申合せ致す者を徒党と称し、徒党は曲事たるべしと政府の高札（法度の掲示場）に明記して最も重き禁制なるに、英国には政党なるものありて青天白日、政権の受授を争うと云う。左れば英国にては処士横議を許して直に時の政法を誹謗するも罰せらる、ことなきか、斯る乱暴にて一国の治安を維持するとは不思議千万、何の事やら少しも分からず……。
(『福翁自伝・福沢全集緒言』慶應義塾大学出版会、二〇〇九年、四四六~四四七頁)

福沢といえば『学問のすゝめ』が当時の大ベストセラーです。実売で三四〇万部とか。『福沢全集緒言』(前掲書四六〇頁)に書いてあるので、本当なのでしょう。福沢の偉いのは、ただ売れただけでなく中身があったことです。幕末は緒方洪庵《おがたこうあん》が作った適塾《てきじゅく》の最優等生になったこともあります。リアルにすごいインテリなのです。

そんな超インテリの福沢ですらも頭を悩ましたのが、「政党」という概念です。江戸時代を通じて「徒党」は禁じられていました。

たとえば、歴史の教科書には「安政の大獄で井伊直弼《いいなおすけ》ら南紀派が一橋派を弾圧した」などと書かれています。しかし井伊直弼は、今の自民党のような派閥抗争をしたとは、思っていませんせん。自分は正当な権力を握っている存在であり、「南紀派」という意識はありません。反抗する「一橋派」は徒党なのです。

明治の初めに「政党」がすんなり受け入れられなかったのには、これまで悪いこととされてきた「徒党」と「政党」の区別がつかなかったのが理由です。加えて、儒教的な「党」のイメージが悪かったこともあるようです。「不偏不党」という言葉があります。党派に偏らず、公平中立な立場をとることです。つまり「偏」したり「党」したりすることは良くないことなのです。四字熟語はたいてい漢文原典に由来しますが、その漢文の世界で「党」はネガティブなイメージを持っていたため、漢文に親しんでいた当時の知識人には悪い印象を与えました。と、季武嘉也・武田知己『日本政党史』（吉川弘文館、二〇一一年）一一～一三頁には書いてあります。

板垣退助が「愛国公党」と命名したのにはこうした言葉のイメージを払拭《ふっしょく》したいという狙いがあったようです。

政党の組織成り、愛国公党と命名せり、蓋しこの愛国公党の命名はそれ自ら既に当時の境遇を表明せる者にして、即ち殊更に予輩が新政党に公党の名を冠せる所以のものは、之によりて私党との区別を明らかにせんが為なりしなり。

蓋し封建政治に於ては、党派は最大の禁物にして、人民が徒党を結ぶことは即ちそれ自身直ちに叛逆を意味せしなり。而して当時封建の世を距る未だ久しからず、人心未だ其旧習を擺脱《はいだつ》する能わずして単に党派といふ時は私党の如くに感じ、却って誤解を招くの恐あり。故に新党の命名に方って、予輩は特に公党の名を擇びたるなり。
（板垣退助「我が国憲政の由来」国家学会編『明治憲政経済史論』所収、大正八年）

板垣は「愛国公党」に、「徒党」でも「私党」でもない、「公党」だという気持ちをこめたのです。

政治学の理論における政党の発展段階は「無視→対立→体制化→憲法編入」です。どこの国の政党も概ねこの流れをたどります。最初は「ただの徒党だ」と無視されます。政党の勢力が増してくると、対立します。さらに政党のほうが強くなれば、政党内閣を形成し体制化します。そして、最後に憲法編入という段階があります。

明治時代、最初は政党など無視されます。のちに自由民権運動が勢いを増してくると弾圧されました。その後、政党が閣僚を出すようになりました。しかし、政党の憲法編入は、戦前はもちろん、現在もまだできていません。概念がないと言ったほうがいいかもしれません。

一方、政党政治の本場であるヨーロッパでは、当然の第四段階です。たとえば、ドイツでは明文化されています。憲法で規定し、政党法を作り、しかも、政党助成金を支給するに当たっては一定の割合をシンクタンクに使うことになっています。イギリスには明文化された法はありませんが、不文法として運用されています。民主主義国家の運営に政党は不可欠のものなので、成文・不文の差はあっても、憲法的に規定し、それに基づいて政党法や政党助成法があるのが普通です。

日本のように、政党法がないのに政党助成法を作り、そこで政党を定義するという無茶な国が、頭がおかしいのです。ちなみに、平成六（一九九四）年に、政治改革が行われました。このとき小選挙区制が導入され、政党助成法が成立したのですが、何のためだったかご存じでしょうか。近代政党を作るためです。近代政党とは、憲法秩序に忠誠を誓い、国政を担える能力のある政党です。党を規律する綱領に基づき司令塔を形成し、全国組織に意思を伝達、議員を当選させる。綱領、組織、議員の三要素が、近代政党です。

小選挙区制にすることによって総選挙による政権交代を可能にし、二大政党制の実現を進め、政権交代が行える党を二つ以上育てる。戦前は「国家本位の政党」、最近の言葉では「政権担当能力がある政党」でなければならないとの理念でした。

ところが、マトモな手順を踏まずに進めてしまったので、政権担当能力のある政党がひとつもなくなってしまいました。

そもそも、平成の政治改革自体が、派閥の内輪もめで敗れた人たちが自民党を飛び出し、新党を作って理念の違う野党と連立内閣を作ったのが発端です。色んな新党の特徴ですが、党首がいて、後援会に支えられた強固な地盤を持つ議員か圧力団体を連れてきて徒党を組む。理念・政策・綱領なんて旗印にすぎないから最後でいい、という政党ばかりです。

たぶん、多くの読者の方は小沢一郎さんがさんざんやらかしてきた「議員の数合わせの新党」を思い浮かべたかもしれません。ただ、小沢さんに限らず、平成のあらゆる新党には二つの問題がありました。

一つは、全国組織を軽視したことです。目の前の選挙に勝つには都市の浮動票を獲《と》りに行くしかないのですが、その後の組織化が全然ダメでした。だから次の総選挙では地方に強固な地盤を持つ自民党に政権を奪い返される。もう一つは、政策能力の軽視です。官僚に対抗する政策立案能力を持たないと、第二自民党にすぎないのです。有権者に見捨てられます。欧州で政党助成金が憲法化しているのは、組織と政策能力を高めるのが目的です。

たぶん、今の日本人は政党とはどうあるべきかを、完全に見失っていると思います。政党は徒党ではありません。単なる派閥の延長ではないのです。

政党と徒党の区別がつかない。見たことがないのだから、仕方ありません。そこで明治の人たちは、いきなり国レベルの遠いところでやるのではなく、身近な地方から実践しようとなりました。

ジェームズ・ブライスというイギリスの法学者・歴史学者・政治家が「地方自治は民主

主義の学校」との言葉を残しています。日本も、国会より先に地方議会を創設しました。明治七（一八七四）年に兵庫県で県議会制度を導入したのをはじめとして、全国で県会が開かれていきました。明治十一年七月には、郡区町村編制法・府県会規則・地方税規則（地方三新法）が制定され、地方からの議会制の整備が推し進められます。デモクラシーを地方から慣らしていったのです。いわば、草の根民主主義です。

一方で、地方議会の体質のマイナス面も、この頃に端を発しています。今でこそ知事や市長などの首長は選挙で選んでいますが、戦前は内務省の役人が首長になりました。そして、地方議会は行政権を握っている首長の言うことを承認するだけです。その体質がいまだに抜けきれず、往々にして地方議会は役人が決めたことに従うだけです。

法律上、地方議会は首長に対して大きな権限を持っています。予算を否決されたら首長は何もできません。議会から不信任されない限り、首長は解散ができませんので、住民に訴えて署名を集めて、議会をリコールするしかありません。しかし、ほとんどすべての自治体では、そんなことは起きません。結局、地方議員は役人（いわゆる〝県庁さん〟）に予算や行政を丸投げし、頼まれた時だけ条例を作っているのが楽なのです。国会も同じです。今の国会議員は官僚に政治を丸投げしていますが、地方議員だけマトモになるなどありえません。

地方議会から入ったというその方法は正しかったけれども、現代に至るまで影響を残す問題もあります。選挙で選ばれる現代でも、知事の多くが総務省ほか中央の役人の天下りです。地方議会の議員を知事にするより、そちらのほうが予算を取れるなど、利点があるという側面も否定できませんが、地方議会のボスは、たいてい蓄財に励んでばかりいます。政治家というと豪邸に住み、庭で鯉に餌をやっているイメージがあります。そういうことをやるのは、「地方議会のドン」みたいな政治家です。そんな人は官僚天下りの知事に行政をやらせ、自分は黒幕として権勢を振るう。自分の権力を脅かさない限り、政治なんてのは役人にやらしておけばいい。それが地方政治の体質で、そういう人たちに当選させてもらっているのが国会議員です。

ちなみに、国会議員は支出が多いので、意外と余裕はありません。国会議員で豪邸を建てて悠々自適なのは出世をあきらめて利権を漁《あさ》る人です。ある派閥の領袖は、子供部屋をつぶして客間にするなど、改築に改築、増築に増築を重ねて苦労していました。

陸奥宗光——武装蜂起未遂で投獄五年の前科でも、大臣になれた人

話を明治に戻しましょう。

いきなりグダグダの話ばかりですが、日本憲政史を概観すると日本人らしい美点に気付きます。「政府を追い出されても殺されない」です。

そんなことか？　と思われるかもしれませんが、それが大事なことです。今でも北朝鮮・中国・ロシアでは、政府に逆らうと殺されます。韓国だって、失脚した大統領は、「良くて刑務所、悪ければ死亡」です。民主化以降の大統領は、本人が無事でも親族が逮捕されています。中には「出家」で許してもらった人もいますが、「いったい、いつの時代の話だ？」と言いたくなります。何が民主化なのか。

左翼リベラルの歴史家が、明治政府のことをバカのひとつ覚えのように「専制」だの「独裁」だのとレッテル貼《は》りしてきましたが、本当の独裁国では、政争に敗れた者はそもそも生き残ることが難しいものです。比喩的な意味でなく本当に殺されます。

一方、我が国の近代史では、明治初年の士族反乱の時代から、許された人も多くいます。政府を辞めても殺されないですし、政府と在野を行ったり来たりできます。

明治六年の政変で失脚して野に下ったはずの板垣ですが、二年後に政府に復帰します。政府内では、長州の重鎮である木戸孝允も明治七（一八七四）年の台湾出兵をめぐる対立で、辞任していました。しかし、士族反乱や自由民権運動などによる政情不安が高まり、井上馨が板垣や木戸を呼び戻す動きを見せ始めます。そして明治八年一月から二月にかけて、大久保・木戸・板垣らは大阪で会合を開き（大阪会議）、政治改革などに関する意見の調整を行い、三月には木戸と板垣が参議に返り咲くのです。

しかし急進的な改革を求める板垣は、はや同年十月に、また辞任しています。

つまり、板垣が愛国公党を作って騒ごうが、民撰議院設立建白書で偉そうなことを言おうが、実態は権力闘争の道具にすぎないということです。呼ばれればホイホイと政府に入り、また辞めるのですから。

こうした文化を象徴するような人物が、陸奥宗光《むつむねみつ》です。

陸奥と言えば、日清戦争期の外務大臣で、実質的な不平等条約撤廃を成し遂げた偉人です。外政においては、日露戦争を勝ち抜いた小村寿太郎《こむらじゅたろう》とともに、我が国の金字塔です。その、陸奥も内政においては、どうしようもない人物です。かつて、「内政においては小沢一郎みたいなもの」とブログに書いたことがあるのですが、とんでもない。もっとひどい（苦笑）。小沢一郎さんに謝罪しなければなりません（笑）。

まず、その生涯で陸奥が政府に辞表を叩きつけた回数は六回！　しかも、その内の一回は、武装蜂起まで企てています。明治十（一八七七）年の西南戦争の際に、陸奥は土佐立志社の挙兵計画に関わり、翌年、逮捕されます。

この報告を受けた大久保利通のセリフがふるっています。「陸奥ならやりかねない。未遂だったんだから、投獄で許してやれ」です。嘘だと思われるとまずいので、原文を載せます。

陸奥のことについては俺もだいたい知っている。風雲に乗じて功名を急ぐは、彼のやりそうな事だ。しかし、一度は思い立ったにもせよ、時の非なるを悟って中止したとすれば、強いて追及するにも及ぶまい

（桜雲閣主人『明治史実外交秘話』内外商業新報社、一九二七年、一七頁）

この史料ひとつで事実だと特定する気はありませんが、陸奥がどういう奴だと思われていたかの雰囲気はわかります。

なお、陸奥の件を不問に付そうとした大久保は明治十一（一八七八）年五月に暗殺されてしまいます。陸奥は結局、有罪判決を受け、五年間を獄中で過ごすこととなりました。

その後カムバックしても、気に入らないことがあると性懲りもなく辞表を叩きつけます。

このように前科が前科ですので、明治二十三年に山県有朋が内閣改造にあたって陸奥宗光を農商務大臣として入閣させようとした時、明治天皇が危惧を表明しています。曰く、「宗光嘗て十年の事あり、人と為《な》り俄《にわか》に信じ難し、顕正も亦頗《すこぶ》る衆望に乏し、その二人を

擢任《ばつにん》する、深慮せざるべからず」です（『明治天皇紀』明治二十三年五月十七日の条）。

要するに明治天皇から、「こいつは大丈夫か」と心配されたのです。

そんな陸奥も、同年七月の第一回衆議院議員選挙に当選し、代議士にもなっています。ちなみに幕末の陸奥は坂本龍馬の弟分で、龍馬暗殺の際には下手人と思い込んだ紀州藩の重役が宴会しているところに殴り込みをかけ、新選組の斎藤一（大河ドラマではオダギリジョーが演じていた剣豪）を死ぬ目に遭わせています。陸奥という人は、もともとが「新選組にカチコミをかける人」なのです。

こんな人たちが跋扈《ばっこ》するのが明治憲政の前史なのですが、この程度で済んでいるのですから世界的に見れば日本人は平和な民族でしょう。

天下泰平で数百年暮らした江戸時代以来、「人は殺してはならない」という建前は、日本人に根付いています。これを法律用語で「法的確信がある状態」と言います。確かに幕末動乱から西南の役にかけて、殺し合いが続きました。しかし、歴史の例外です。原則は「人を殺してはならない」であり、その掟を破る者は法により裁かれます。反乱を起こした不平士族などごく一部で、たいていの士族は軍人や警察官、教師として再就職していきます。明治十三（一八八〇）年ころになると、立憲政体に関する議論が盛んになります。

三月十七日、愛国社第四回大会で国会期成同盟が結成されます。『自由党史』によると、大会は盛会でしたが、会衆は「未だ議事に習熟せず」。加えて地方感情が介在して騒ぎを制することができません。土佐人が多く、幅をきかせていることに対する不満も出ました。正副両議長を立志社が選んでいるというのも不愉快に感じる者が多くいました。「土佐人を除け」と発議する者まで現れました。これに対しては河野広中《ひろなか》や内藤魯一《ろいち》がたしなめます。「功労の多い者が勢力を得て強くなるのは当たり前じゃないか。土佐より勢力が劣るのが悔しかったら、自分で成果を挙げてみろ！」と。

この大会中に、自由民権運動を取り締まる集会条例が発布されています。条例についての報告が到達すると、みな内輪揉《うちわも》めの非を悟って、なんとか、場はおさまりました。

もう既に土佐閥や九州閥、関東閥などの地方閥が、できているのです。この時期の「閥」は、今の自民党の派閥よりは縛りがゆるいのですが、スポンサーに基づいて派閥があるという構図は同じです。それぞれ田舎の地主の利益代表ですから。

自由民権運動が「日本国民」としての意識を作った、とする考え方の人もいます。曰く、「民衆のあいだに客分意識や反政府感情が根強かった一八八〇年前後の時期、『国民』という意識……を浸透させるうえで一定の影響力を発揮したのは、政府よりもむしろ民権運動の側であった」だそうです（牧原憲夫『民権と憲法』岩波新書、二〇〇六年、一一九頁）。よくわかりません。反政府運動の広がりが国民としての統合意識を持つ？　国民の代表が政府なのですから、同じ日本民族での反政府運動が「国民」としての統合意識もたらすなど、意味がわかりません。とはいうものの、そういう議論が明治史研究者の間で盛んだったのも事実ですが、昭和史研究者の私は「何言ってんだ？　こいつら？」と横目で眺めていました。

そもそも、立憲政体を求めたのは自由民権側だけではありません。政府は明治八（一八七五）年に徐々に立憲政体を樹立していくとの詔を出し、明治十三年末には、元老院が日本国憲按《けんあん》を上奏しています。結局、採択はされませんでしたが、やりたくないわけではありません。

憲法も国会も自由民権運動が作らせたのではないのです。政府側もいずれ必要であることはわかっていたのです。大久保利通は明治十一年に暗殺されてしまいますが、殺される直前に「国家三十年の計」を唱えています。「三十年以内に立憲政治をやるぞ！」との宣言です。これらのことからだけでも、明治時代のイメージとして広まっている「有司専制《ゆうしせんせい》の独裁者」対「民主的な自由民権派」という構図はまったくの嘘であることが明らかです。

もっとも、自由民権の活動家たちも、いくら己の権力欲の充足が第一とはいえ、もちろん民主化を考えていないわけではありません。日本人全体が将来は立憲政治を、民主主義政治を行うのだと考えているわけです。文明国にならなければ条約改正はできないという喫緊の問題があるのですから。

明治十四年の政変と大隈重信の涙

前に軽く触れた明治十四年の政変について、詳しく見ていきましょう。政府要人が真面目に憲政の樹立を考えていたから起きた事件です。

決して頑迷固陋《ころう》な政府が、自由民権どもに言われて民主化をイヤイヤ受け入れたわけではありません。

明治十四（一八八一）年は一月から、大隈重信・伊藤博文・井上馨・黒田清隆といった肥前・長州・薩摩の領袖が憲法について協議しています。しかし、意見が一致しません。そんな中の三月、大隈重信はスタンドプレーに出ます。他の仲間を出し抜いて、国会開設意見書を天皇に上奏したのです。しかも、その内容は二年後の国会開設、および、政党内閣制を主張するという内容でした。

ものごとには順序というものがあります。まずは憲法を制定し、議会を開設しなければなりません。それに、自由党ができるのは、この年の末、改進党は翌年ですから、この時点で政党など一つもないのです。自由党・改進党にしても、二年以内に統治能力のある政党になど育つはずがありません。突然、「来年からイギリスのような政治を行います」というわけにはいかないのです。その難しさは現在の日本にも政権担当能力のある政党が一つもないことを考えれば、よくおわかりでしょう。自民党だって官僚におんぶに抱っこなので、自力では政権担当能力などありはしないのですから。

大隈が極端な主張をした背景には、世論の盛り上がりがあります。福沢諭吉らの穏健保守と板垣自由党の急進的言論が連合して政府攻撃をしていました。多数派の薩長に対し主導権を発揮するため、大隈は在野の議論に乗りました。これが薩長の怒りを買いました。七月、官有物払い下げ事件が起こります。北海道開拓使の官有物を払い下げるに当たり、開拓使長官の黒田清隆が旧薩摩藩以来の弟分で政商の五代友厚の関西貿易会社に非常な安価で払い下げようとしたことが明るみに出ました。八月末には『東京横浜毎日新聞』が社説で開拓使官有物払い下げ問題を暴露し、政府攻撃が激しくなります。結局、十月には払い下げの中止が決定されました。

大隈重信は、福沢諭吉一派や三菱財閥と共謀して官有物払い下げ運動の拡大に手を貸し、薩長打倒を企てたと疑われ、払い下げ中止と同じ十月十二日に免官となっています。大隈・福沢・三菱の間には密接なつながりがありました。もし関西貿易会社に払い下げがなされれば、三菱の北海道貿易の既得権が奪われる可能性もありました。三菱が払い下げ反対運動に資金を出したこと、福沢がその門下を北海道・東北遊説に赴かせたことは事実のようです（前掲『日本政党史論』第二巻、一二頁）。

こうした薩長の陰謀に対し、大隈自身はまったくの濡《ぬ》れ衣《ぎぬ》だと主張しています。明治天皇と鍋島公に助けてもらわなければ命も危なかった、みたいなことまで書いています（『大隈重信自叙伝』岩波文庫、二〇一八年、三五一〜三五五頁）。なお、大隈は罷免された日に泣いたそうです。

大隈さんは「事のここに至ったのは全く薩長軋轢の関係から来たもので、邦家の前途深憂に堪へない。余は政府と縁を絶ち、野に下って学校を開き、国家有為の人材を養成せんと考へている。……事遂に志と違ふに至ったのは甚だ遺憾である。今にして思ひ出さるるのは、故内務卿大久保さんのことである」。「大久保さん」と力を込めてくり返へし、「大久保さんが今日なほ生きて居られたならば、かかることはなかったであらう」と両眼に涙を浮かべて、袂からしばしばハンカチーフを取り出し、語っては目を拭き、拭いては泣き、思ひ出多き嘆息をして話されたのであった。……。後に侯の夫人が云はれるには「大隈が今日のやうに涙を流して泣いたことは、今日が実にはじめてである……」と語られた。

（勝田孫弥『甲東逸話』富山房、一九二八年、二五六〜二五七、二六〇頁）

自分自身のスタンドプレーを棚に上げて、「大久保さんが生きていたら」もないものですが、大隈としても予想外の展開であったことがうかがえます。そして、大隈に連なって政府内の福沢諭吉の門下生も下野します。

十月十二日は忙しい日で、「十年後の明治二十三年に国会を開設する」旨の勅諭が出ます。これについて「自由民権運動の高まりに対する政府の譲歩であった」（『日本史概説』東京大学出版会、一九六一年、二一五頁）などと言われます。半分事実ですが、政府も立憲政治に向かって準備していたのですから、政変がなくても遅かれ早かれいつかは国会開設に向けての宣言は出されたでしょう。

政党を運営するには金が要る

明治十四（一八八一）年十月十八日に自由党が結成され、板垣が総理（党首）に就任します。結党時の自由党の役員の多くは板垣の同郷人からなる土佐派です。十四年二月には玄洋社が設立されています。明治十五年四月には大隈が改進党結党式で総理（党首）に就任しています。元官僚や新聞記者、弁護士などの都市の知識人が主要メンバーでした（鳥海靖『逆賊と元勲の明治』講談社学術文庫、二〇一一年）。

四月、板垣退助が岐阜遊説中に暴漢に襲われています。ここで板垣が「板垣死すとも自由は死せず」と言ったとされますが『公文別録・板垣退助遭害一件・明治十五年』に「吾死スルモ自由ハ死セン」と記録があるので、似たようなことを本当に言っていたようです。セリフの印象があまりにもドラマチックなので、板垣はそこで暗殺されたと思っている人がいますが、その後もピンピンと生きています。その年の十一月には後藤象二郎と共に渡欧していますから、たいした怪我ではありません。どうでもいいことですが、負傷した板垣を後藤新平が診察していて、史料の最後のほうには診断書があります。後に政治家となり逓信・内務・外務など数々の閣僚を務める後藤新平は、当時は愛知医学校長兼病院長でした。

この年の十月、明治時代のお雇い外国人で「日本近代医学の父」とも呼ばれるエルウィン・ベルツも板垣を診察しています。

本日、興味ある患者を往診——もと参議で、今は自由党総理の板垣である。かれはたしかに日本で最も人気のある人物だが、日本の真の知己たる人々はいずれも、アメリカの事情をそのまま日本に移し入れ、共和政体を樹立するなどというその計画を、ただただ深い憂慮の目でながめざるを得ない。日本の国民に幸福をもたらそうというこの一派の人たちはといえば、スチュアート・ミル、ジョン・ブライト、ハーバート・スペンサーを一手に引き受け、それによって自国の将来を建設しようと思っているのである。奇妙な理論家たちだ！

（トク・ベルツ編『ベルツの日記』上巻、岩波文庫、一九七九年、一二二頁）

板垣、「大丈夫か、コイツ?」と思われています。

板垣は十一月に渡欧しますから、事前の健康診断でしょうか。

ベルツは板垣のことを「日本で最も人気のある人物」と言っていますが、その人気の背景には、当時の娯楽事情があります。板垣らの活躍した時代、ラジオやテレビはもちろん、レコードもまだありません。新聞も都市にしか普及していません。地方では演説が後の映画に匹敵するような娯楽なのです。

板垣の渡欧計画については自由党内から批判が出ます。「できたばかりの政党の党首がのんびり外遊などしている場合か！」と馬場辰猪《ばばたつい》ら幹部が反対しています。馬場は板垣についで「気質が変わりやすく、気難しく、いつもつまらぬことまで口出しをした。そればかりではない、板垣は、いつも自分で全く理解していない問題まで論じていた。そして誰か、彼の支離滅裂な道理に合わない話を謹聴しないと何時でも怒った」と評しています（馬場辰猪「自叙伝」『明治文学全集12　大井憲太郎　植木枝盛　馬場辰猪　小野梓集』筑摩書房、一九七三年、三一三頁）。板垣に愛想を尽かした馬場辰猪らは九月に脱党します。

ところで、ベルツが「奇妙な理論家」と呼んだ板垣の外遊には思わぬ副作用がありました。自由民権活動家は概して共和制に傾倒する向きがあったのですが、板垣は実際にフランスに行ってみると、徒党のような政党にがっかりし、日本の目指すべき目標ではないことを理解して帰ってくるのです（前掲『逆賊と元勲の明治』、一八〇頁）。以来、日本にフランス第三共和制をモデルにしようという考えを持つ人はいなくなりました。

ちなみに、西園寺公望もルソーにかぶれていたのですが、明治四（一八七一）年、パリ・コミューンの混乱の現場に居合わせ、その衝撃を手紙に書いています。

去年、プロイセンに負けて国内が乱れている。〈姦猾無恥之徒〉が〈愚民を扇動〉して武器を使用するに至っている。政府はこれを鎮定できずにベルサイユに移った。賊はパリに政府を〈偽立〉し暴れまわっている。政府が二つできた形となり砲声がやむ時がない。人々の苦しみは言葉にできない。しかし賊は〈各国浮浪の屯集〉でその暴行はひどくなるばかりで人望がなくなった。政府軍がパリに入るやいなや賊の兵に従わされていた住民は、我先にと銃を賊に向けた。政府が勝利し賊は逃げた。政府の兵士は賊を捕らえた。捕らえればすぐにこれを殺害した。その屍は路頭に横たわっている。

まさに普仏戦争に負けた直後のパリの悲惨な情景を目にした西園寺ですが、日本の留学生についての言葉はさらに激烈です。

今日洋行の諸生を見れば、ヨーロッパの奢侈《しゃし》を国家の急務とし、あえて〈古豪傑用意運用の妙〉をわかっていない。あるいは、キリスト教に心酔し、その国体如何を解さず、これを日本に持ち込もうとする。あるいは、有名傑出の士に交わらず、いたずらにヨーロッパの〈無頼の軽薄子〉に接し、その議論をもって深く外国の情を得たとする。あるいはヨーロッパ人に媚《こ》びて、それを国辱と思わないなど、一事が万事、腹立たしい。中には〈憂国義烈の士〉もいるが、そんなものは百人にひとりである。彼らがいずれ国家の柱石になるとすれば危ないことだ。洋行して学問成就し帰るものがあるとしても、決して大に用いてはいけない。先に小吏に命じ、とくとその議論する様子をさぐり万一共和政などを唱える者があれば、斬首して天下に示すべきだ。
（立命館大学西園寺公望伝編纂委員会『西園寺公望伝』第一巻、岩波書店、一九九六年、〈　〉内原文ママ、ほか現代語訳、二一三～二一五頁）

共和政を主張するものは斬首！　西園寺は最後の元老として「憲政の常道」の擁護者となりますが、皇室に累を及ぼさないためです。政党内閣制を守ることが皇室に累を及ぼすと判断した瞬間、西園寺は「憲政の常道」を捨て去りました。

さて、馬場辰猪ら幹部が自由党を離脱したころ、星亨《ほしとおる》が自由党に入党しています。有力幹部となった星は、のちの政友会、ひいては自民党に至るまでの基礎を作ります。彼は、イギリス留学経験があり、弁護士の資格を持っていました。パワフルな実力者で、第二代衆議院議長だった時には面白いエピソードがあります。明治二十六（一八九三）年末のこと、議長不信任案が可決されたにもかかわらず、星は翌日も議長席に座ります。それで、衆議院は星に一週間の出席停止を命じます。しかし、その一週間が過ぎると、また平然と議長席につきました。そんな星についたあだ名は「おしとおる（押し通る）」です。

星を党に誘《いざな》ったのは後藤象二郎でした。後藤は星の「非凡」を認めて板垣に紹介しました。後藤が「星亨という者が来た。一個の快男児にして、多少の資産がある。自由党に入党させては？」と推薦するのに対して、板垣は「世間では火付盗賊と自由党と並び称されるくらいだから、金持ちの入党は覚束ない」と躊躇《ちゅうちょ》します。それでも後藤は、「いや。彼は必ず入党すべし」と強く主張します。結局、星は入党し、「のち数年、自由党が苦しいときも、その財産を傾けて党事に尽くし、最後に自由党が勝利に導かれたのは星の功績が大きい」と書かれています（『自由党史』上巻、五車楼、七〇九頁）。

「結局、カネ」というエピソードですが……。

党首の板垣自ら「火付盗賊と自由党」ですから、いかに自由民権活動家の素行が悪かったかがうかがい知れます。「自由党に金がないから金持ちの星を入れよう」という発想もえげつない。金を持ってくる人が出世するという極めて前近代的政党の形が、ここから始まります。

第二章

右往左往の憲法政治への道

武装蜂起で自滅する自由民権運動

明治十四（一八八一）年十月十二日、「国会開設の勅諭」を発しました。天皇のお名前で「十年後に国会を開く！　それより前に憲法を作る！」と宣言した以上、政府要人は本気で取り組みました。本気の筆頭は伊藤博文です。伊藤は、明治十五年三月から翌年八月まで一年半も外遊していています。ドイツでは皇帝ヴィルヘルム一世から「改革が急激すぎるのではないか」と言われています。

この時の伊藤は参議ですが、実質的な政府の首班です。その伊藤が一年半も国をあけて憲法の勉強に行ったのですから、本気度がわかります。

ちなみに、明治十四年の政変に際しての政府の名簿です。

太政大臣　三条実美《さんじょうさねとみ》（公家）
左大臣　有栖川宮熾仁《ありすがわのみやたるひと》（皇族）
右大臣　岩倉具視（公家）

参議　伊藤博文、井上馨、山県有朋、山田顕義（以上長州）、黒田清隆、西郷従道、
　　　寺島宗則、川村純義《すみよし》（以上薩摩）、大木喬任《たかとう》（肥前）

外務卿　井上馨（長州）
内務卿　松方正義（薩摩）↓10月21日からは山田顕義（長州）
大蔵卿　佐野常民（肥前）↓10月21日からは松方正義（薩摩）
陸軍卿　大山巌（薩摩）
海軍卿　川村純義（薩摩）
司法卿　田中不二麿（尾張）↓10月21日からは大木喬任（肥前）
文部卿　福岡孝弟《たかちか》（肥前）
工部卿　山尾庸三（長州）↓10月21日からは佐々木高行（土佐）
農商務卿　河野敏鎌《とがま》（土佐）↓10月21日からは西郷従道（薩摩）
松方、大山、福岡、佐々木は10月21日より参議。

伊藤が留守の間に、何も起きなかったわけではありません。
明治十五（一八八二）年七月二十三日、京城で朝鮮兵が暴動を起こして日本公使館を襲

撃するという大事件が起きます。壬午《じんご》事変です。日本にとって半島情勢は、死活問題です。明治初年以来、半島でもめごとが起きるたびに清国と緊張状態になりました。この時も清国の介入がありましたが、留守を預かる井上馨や山県有朋が対応し、八月三十日に済物浦《さいもっぽ》条約を結んで戦争の危機を回避しました。任せられる仲間がいるというのは頼もしいですが、憲法調査もまた、戦争と同じくらい、国の命運を賭けた重大事なのです。

さてその頃、自由民権運動の皆さんは何をしていたでしょうか。

政府は板垣退助にも外遊を融通してやります。三井財閥と関係の深い井上馨が資金を手配したと言われます。そして自由党内部からも板垣への突き上げが始まり、内紛が発生した話は前章の最後でしました。当然、ライバルの改進党からも批判されます。改進党系の『東京横浜毎日新聞』と『郵便報知新聞』が、政府・財閥と癒着した板垣自由党を、ここぞとばかりに責め立てます。これに黙って指をくわえて見ている自由党ではなく、党機関紙『自由新聞』で「三菱会社の弊を論ず」などと、改進党と三菱の密接な関係について批判します。「お前こそ三菱からカネを貰ってるくせに、何を言うか！」です。自由党は、改進党を「偽党」と呼び、「偽党撲滅」をスローガンに喧伝《けんでん》します。

三菱財閥創始者の岩崎弥太郎は土佐出身で、土佐関係者が多い自由党とも関係が深いので、「三菱会社の弊を論ず」など恩知らずの言論も「ええかげんにせえよ」というところですが、自由民権の闘士たちにそんなことは関係ありません。日本憲政史において野党同士の罵《ののし》りあいくらい醜いものはありませんが、この時に発火します。

ちなみに、外遊資金の出どころが三井であることは、板垣本人には知られないよう巧妙に策をめぐらされていました。井上が後藤象二郎を言い含め、本当は三井の金なのに「支持者からもらった」みたいな嘘を言ったので、板垣は信じたということです。だから板垣たちは、「デマに基づいて政府の陰謀に乗った連中」と改進党を心底憎むことになるのです。ちなみに、板垣洋行問題の金の出所に関しては、尾佐竹猛《おさたけたけき》『明治政治史点描』（育生社、一九三八年）に滔々《とうとう》と解説されています。尾佐竹は戦前日本を代表する憲政史家です。

さらにちなみに、板垣はフランスであまりまじめに勉強しなかったようですが、一つだけ大事なことを学んできました。

フランス共和政など碌《ろく》なもんじゃない！

板垣自由党は、ジャン・ジャック・ルソーに代表される啓蒙思想にかぶれ、共和主義のフランスを自由で先進的だと勘違いする傾向がありました。さすがに日本で皇室廃止は言えませんが、それ以外は共和政のフランスこそ素晴らしいと単細胞的な主張をしていたのです。

実際のフランスは全然違います。当時のフランスは第三共和政ですが、半年に一回内閣総辞職するような不安定な政治です。いつ革命や軍のクーデターが起きてもおかしくないような不穏な社会なのです。

帰国後の板垣は、フランスは素晴らしいとは言わなくなりました。政府の目論見は成功したと言えます。

それはさておき、党内の内ゲバ、民党同士の潰しあいで、自由民権運動は急速に民衆の支持を失います。「こんな連中に任せておけない」と思われたのです。それに政府が国会を作ると約束しているので、政治運動の目的は達成しています。ブームは去ったのです。政府に戻るツテのある人、党幹部として地位と収入のある人、評論家などで仕事がある人は良いでしょう。問題は政治活動しか、してこなかった人たちです。他にやることがありません。自由民権運動を支えてきた職業活動家たちは、暴走をはじめます。

福島県は自由党が強い勢力を持っている地方で、薩摩出身の三島通庸《みしまみちつね》が県令（知事）として赴任していきます。三島の任命は、そもそも自由党を抑えることを目的としていました。三島は着任するや県庁人事を一変し、県会に一回も出席しないなど挑発を繰り返します。その間、与党として帝政党の勢力増大を図ります。議会も全議案否決で応じます。河野広中議長暗殺の噂が流れ、帝政党の暴力団が県庁側に動員されていました。対抗するように民権側も、十一～十二月には福島事件という暴力事件を起こします。会津自由党員に指導された農民ら数千人が警官と衝突した事件です。

事件後には、岩倉具視が「もう府県会をやめよう」と言い出したほどです。気持ちはよくわかります。政府と自由民権運動の連中は、全国各地でこんなやりとりを繰り広げていました。特に東北は戊辰の役で負けた恨みを忘れていませんから、反政府の気風が強かったのです。

そうした東北各地に三島は乗り込み、自由民権運動を弾圧していきます。「鬼県令」のあだ名で、恨みを買います。一方で、赴任した山形・福島・栃木で、道路を作るなどインフラを整備していきました。ちなみに親族でリベラル宮中官僚として知られた牧野伸顕《のぶあき》は、回顧録で三島のことを偉人の如《ごと》く評価しています。三島は、敵から見るか味方から見るかで、毀誉褒貶《きよほうへん》の激しい人物です。

明治十六（一八八三）年になっても、政府の弾圧は止まりません。自由民権運動家が政府転覆を企んだとの冤罪をでっち上げた高田事件が発生します。

明治十七年は、松方デフレによって国民の生活が困窮した年でした。維新以来、政府は慢性的に悪性インフレに苦しんでいました。悪性インフレとはモノの値段が上がりすぎることです。貨幣の価値がなくなります。これを抑えようと大蔵省はインフレ抑止政策を推進したら、デフレになってしまいました。デフレとは、今度はモノの値段が下がりすぎ、貨幣の価値が暴騰、モノの価値が下がることです。モノとは汗水流して働いた商品、貨幣など所詮は紙切れです。地獄のような不況が訪れました。松方デフレで死人が続出しました。ちなみに『日本銀行史』という日銀の正史は松方デフレを褒めたたえるところから始まります。頭がおかしいとしか、言いようがありません。

平成の日本人はデフレに苦しめられても政府や日銀の無策を糾弾することもなく、唯々諾々と従うおとなしい人たちでした。しかし、明治の人たちは違います。そもそも自由民権運動の闘士たちなど、武装蜂起の代わりに遊説をしていた人たちです。政治活動に陰りが見えていた時の大不況に、決起します。比喩ではなく、物理的に。

この年には群馬事件・加波山《かばさん》事件・秩父事件・名古屋事件・飯田事件などをはじめ、小さいものを含めると百五十件以上もの武装蜂起が起こります。これらの大事件はなぜか教科書にも載っていますが、いちいち覚える必要はありません。単なる犯罪として処理されました。その中でも特に象徴的な二つの事件を紹介します。

一つが、加波山事件です。

明治十七（一八八四）年九月二十三日、富松正安ら茨城・福島・栃木の自由党員が、専制政府打倒を叫び茨城県加波山に蜂起します。前年四月に福島事件の予審が終了し、無罪釈放者が帰還してから、福島や栃木、関東の自由党青年党員の間に暗殺団が生まれていました。中央の党幹部はこれを抑制できません。テロリストたちの暗殺計画は官憲に漏れ、追い詰められた暗殺者たちは旗揚げしました。党幹部の知らないところで事は進められました。決起したのはたった十六人ですが、自由党員が蜂起したということで、党幹部は動転します。責任を負わされることを恐れて、十月二十九日に自由党そのものを解党してしまいます。

星亨は解党に反対でしたが、当時は、官吏侮辱罪により新潟で拘引中でした。解党反対の電報を打ったものの「馬鹿云ふな電信の金が無益だ」との返電を受け取ったそうです（前掲『自由党史』下巻、二八九頁）。

もう一つが、秩父事件です。

自由党が解党しても活動家は騒ぐことをやめません。解党当日の十月二十九日、埼玉県秩父地方の農民が、自由党左派の井上伝蔵らの指導によって蜂起します。「負債返弁」「専制政府改革」などを叫び、郡役所・高利貸しなどを襲撃しました。その数、一万人。板垣を担いで反乱を起こそうとしたのですが、軍隊が出動して何とか鎮圧しました。

これでは単なる非合法活動、犯罪者集団です。もっとも十九世紀のフランスや二十世紀のドイツでは、この手の犯罪者連中の非合法活動が成功して政権を握り、そういう経験を乗り越えて政党政治を発展させています。我が国では暴力に手を染めた政党が政権を握ったことはありません。さすがに自由民権運動を称《たた》える現代の歴史家でも、加波山事件や秩父事件などの武装蜂起は肯定できないようです。「あれは自由民権運動じゃない」などと詭弁《きべん》を弄《ろう》するしかありません。

かくして、板垣自由党は迷走と暴走を重ねた挙句、いったん幕を閉じます。

一方の改進党も十二月十七日、内紛に嫌気がさした大隈重信らが脱党してしまいます。以後、改進党は有名無実化しました。

さて、ここで通説を確認しましょう。

> 通説
> 明治藩閥政府の圧政に対し、民衆は自由民権運動で抵抗した。

ここまで読んできて、こんな「通説」を信じていたら、何のためにこの本を買ったのかという話になります。しかもこれ、五十年前の通説です。しかし、この五十年前の通説にいまだにしがみつく人がいるのも、また確かです。可哀そうな民衆がはかない抵抗をしたのが自由民権運動だ、というイメージで語りたがる人がいます。ちなみに、生前の三木武夫元首相はそう信じていたのでたしなめたと、升味準之輔先生から聞いたことがあります。三木は自由民権運動以来のデモクラシーの本流に自分を位置づけたかったのだとか。

確かに、自由民権運動に参加した人の中には「可哀そうな民衆」もいたかもしれません。しかし、繰り返しますが、本当に困窮している人々には大きな力など、あるはずがないのです。日々の生活に精いっぱいで、政治活動などできません。

西洋との思想戦だった帝国憲法の制定

明治十六（一八八三）年七月、岩倉具視が将来を案じながら亡くなります。幕末維新の動乱を駆け抜けた実力政治家でした。岩倉は、死ぬまで日本の行く末を気にしていました。最も気にかけていたのが憲法です。当時、伊藤博文は欧州に憲法調査のため出張中でした。岩倉は伊藤がどんな憲法を日本にもたらすのか、多大な関心を寄せていました。

明治日本人の課題は、文明国になることです。日本は幕末に、「お前たちは文明国ではない。だからお前たちの国の法になど従えない」と不平等条約を押し付けられました。だから、あらゆる面で必死の改革をしました。殖産興業で富を蓄え、富国強兵で外国に侵略されない軍隊を持つ。それをやるには古い幕府や藩ではなく、天皇を中心にまとまった政府を作らねばならない。明治政府の要人たちは、そうした国家目標を実行に移しました。そして、軍事力や経済力のような物質力だけでなく、「文明」の力にもこだわりました。必死に西洋の刑法や民法、あらゆる制度を学びました。文明国たらんとして。

あらゆる法の頂点に立つのが憲法です。憲法とは国法である。もともと、その程度の理解はありました。しかし、どのような国法であるべきなのか、幕末以来悩み続け、結論が出ていません。

伊藤はヨーロッパで煩悶の日々を送っていました。留学したことがある人なら、一度は経験したことがあるでしょう。時間が経つのに成果が出ない焦り。伊藤も苦しんでいました。フランスの共和政は論外。複雑すぎるイギリスの真似は無理ということで、ほぼ消去法でプロシア憲法を中心に学んでいましたが、よくわからない。そんな時に、ウィーン大学のローレンツ・フォン・シュタイン博士の教えを受ける機会に恵まれました。シュタインは、自分の国の歴史に基づいて憲法を考えることを教えます。

伊藤は、憲法とは単なる法律の条文ではなく、民族の歴史なのだと理解します。借り物の憲法ではダメで、自分の国の歴史に基づいた法を打ち立てねばならないと。

伊藤はシュタインに憲法の精神を学び、帰国してからは助手の井上毅《こわし》とともに、日本の古典の研究に打ち込みます。そうした成果は、伊藤の名前で編纂された帝国憲法の解説書である『憲法義解《けんぽうぎげ》』に表れています。

たとえば、国務大臣の制度を定めた帝国憲法第五十五条です。

第五十五条
国務各大臣ハ天皇ヲ輔弼シ其ノ責ニ任ス
凡テ法律勅令其ノ他国務ニ関ル詔勅ハ国務大臣ノ副署ヲ要ス

天皇独裁を禁じた条文です。天皇が持っている権力は大臣が行使するので、責任は天皇にはなく大臣が負う、という意味です。伊藤は、大化の改新の時の孝徳天皇や天智天皇の先例を説き起こし、我が国は天皇が親政を行うのではなく、大臣たちと相談しながら政治を行うのが伝統であったと説きます。

また、臣民の権利義務を定めた第二章の解説では、『続日本紀《しょくにほんぎ》』を引いて「公民」と書いて「おおみたから」と呼んできたと同時に、『万葉集』から民も自らを『御民《みたみ》』と称してきた歴史を説きます。

人は生まれながらに権利、人権を持っている。だから、理由もなく人を殺してはならないという法がない国は文明国ではない、というのが西洋列強の主張です。そして、「切り捨て御免がまかり通る日本の法に従えるか！」と不平等条約を押し付けてきたのです。伊藤は人権を憲法で認めない国は文明国として扱われないことは知っていますが、だからといって西洋の法を直輸入するのではない。自分たちの歴史に根拠を求めたのです。

伊藤の憲法調査とは、西洋との思想戦なのです。

伊藤が帰国してもろもろの改革や憲法調査に取り組んでいた明治十七（一八八四）年十二月、外交問題が発生します。甲申《こうしん》事変です。朝鮮の漢城《ソウル》で親日派がクーデターを起こしました。金玉均らが竹添公使および公使館守備隊の支援を得て王宮を占領しましたが、清国軍の出動によって三日のうちに失敗に終わります。二十一日には井上外務卿が朝鮮へ向かい、年が明けた明治十八年一月から談判に入ります。三月には金玉均の引き渡しを要求されますが断っています。清国へは伊藤博文が向かい、四月十八日に天津《テンシン》条約を調印します。朝鮮からの同時撤兵と将来派兵の際の相互事前通告などを取り決めました。まかり間違えば、十年早く日清戦争に突入していましたが、伊藤らは外交で回避しました。

それでも、国内では軟弱外交に対する非難が巻き起こります。亜細亜主義者にも色々いて、金玉均を自宅に匿った福沢諭吉などは何を言っても許される資格があるでしょうが、政府攻撃を吠えているだけの大半の人たちがどうなのかと思います。

それはさておき、慢性的に朝鮮半島をめぐる安全保障上の危機があり、松方デフレで経済的に困窮しました。自由民権運動の人たちが復活して「対外強硬」「地租軽減」を主張するようになるのには、こういう背景があります。

内憂外患の一年ですが、政府は立憲政治の開始に向けて準備を進めます。前年には既に華族令を定め、公侯伯子男の五つの爵位を定めました。これは後の貴族院創設のための準備です。

そして明治十八（一八八五）年十二月二十二日に太政官制を廃し、内閣制度を創設しました。第一次伊藤博文内閣が成立します。今に至る内閣制度です。

初代総理大臣が伊藤博文であることは日本人なら誰でも知っている常識ですが、ここで起こったことの本当の意味合いを知っている人はあまりいません。実は、三条実美《さねとみ》太政大臣の追い落としなのです。まったくリーダーシップがないので誰も気づかないのですが、明治政府成立以来の形式的な首班は三条実美なのです。

薩長藩閥政府の中心は長州の伊藤博文・井上馨・山県有朋で、薩摩は人材を欠いて官有物払い下げ事件で大迷惑をかけた黒田清隆が領袖です。彼らの上に太政大臣の三条、左大臣の有栖川宮、右大臣の岩倉具視がいたのですが、岩倉死後の右大臣は空席です。

岩倉が薩摩との結びつきで勢力を築いたのに対し、三条は幕末から長州と深い関係を持っていました。文久三（一八六三）年の「八月十八日の政変」で京都を逃れて長州に移った七人の公家のひとりでした。俗に「七卿《しちきょう》落ち」と言われる事件ですが、そのころの三条は伊藤ら下級武士にとっては雲の上の人でした。三条と長州とは長い付き合いですが、あれから二十二年たった今となっては、はっきり言って用なしの邪魔者です。

三条自身は自分が総理大臣になるつもりだったようです。しかし、山県が「やっぱりこれからの日本を率いていく人は英語の外交電報が読める人じゃないとダメだな」と言いだし、井上馨らが追随して決まりました。なお、これを真に受けて、明治日本では語学力が首相の必須条件だったなどと考えては浅はかで、単に英語ができない三条実美を追い落とす方便です。

三条は実力者たちの空気を読んで身を引きました。可哀そうに思った明治天皇のお言葉をきっかけに、後に三条のために内大臣を設置します。内大臣とは天皇陛下の御璽《ぎょじ》を管理する役職で、三条が体面を保つために作られた、まったく中身がない官職です。よく勘違いされる内務大臣とはまったく違います。また、前近代にも同じ名前の職があり、略称まで同じ「内府」ですが、もちろん別物です。

こうした経緯で、伊藤博文が藩閥の実力者を網羅して第一次内閣を組閣しました。

首相　伊藤博文（長州）
外相　井上馨（長州）→伊藤博文（臨時兼任）→大隈重信
内相　山県有朋（長州）
蔵相　松方正義（薩摩）
陸相　大山巌（薩摩）
海相　西郷従道（薩摩）→大山巌
法相　山田顕義《あきよし》（長州）
文相　森有礼《ありのり》（薩摩）
農商務相　谷干城《たてき》（土佐）→西郷従道→山県有朋→土方久元→黒田清隆
逓相　榎本武揚《たけあき》（幕臣）

全員が歴史上の有名人という内閣です。
すべての内閣がこうだったら、日本憲政史も変わったかもしれない、と思いたくなります。しかし、この内閣は意外と失敗が多いのです。

不平等条約改正ならず――鹿鳴館外交の真相

第一次伊藤内閣の外務大臣は井上馨です。引き続き条約改正に取り組みます。明治十九（一八八六）年五月、井上は第一回条約改正会議を開きます。その内容は、二年以内の内地開放と西洋式諸法典の整備を各国に約束し、外国人の裁判は外国籍裁判官が過半数を占める法廷で行うことを認めるなどでした。

不平等条約撤廃を求める交渉をしている最中にも、小国の悲哀を感じる事件が相次ぎます。

八月、長崎清国水兵暴行事件が起こりました。清国北洋艦隊四艦が仁川に行く途中で長崎に寄港し、無断上陸した水兵が暴行殺傷事件を起こしたのです。最終的には外交交渉で解決しましたが、最後まで清は謝罪せず居丈高な態度を取り続けました。

もっと悲惨なのは十月のノルマントン号事件です。イギリスの汽船ノルマントン号が和歌山沖で難破し、外国人の乗組員や船客は全員救助されましたが、日本人の船客二十五人は全員死亡しました。もちろん、船長が日本人を後回しにして助けなかったからです。神戸の領事裁判では船長は過失なしとの判決が出て、日本国民は激昂します。世論の高まりに押されて政府が告訴し、横浜の領事裁判は禁獄三か月の判決を出していますが、それでも国民の怒りはおさまりません。

このような背景を背負っての条約改正交渉でした。

交渉は秘密裏に行われていましたが、翌明治二十（一八八七）年六月に法律顧問のボアソナードが条約改正案に関して反対する意見書を提出すると、政府内部から批判を浴びます。条約交渉の内容もさりながら、外務省が情報を独占し他省との協議がなされていないとの攻撃を、井上は受けました。谷干城農商務相などは、七月末に抗議の辞任をしています。民間でも批判の声が高まります。井上は条約改正会議の無期延期を各国公使に通告せざるをえませんでした。

井上馨といえば鹿鳴館外交が有名です。鹿鳴館は、日本が西洋風の文明を身に付けたことをアピールするために建設された館です。しかし、そこで行われる洋風の宴会や舞踏会は当時から揶揄の対象でした。特にアジア主義者は伊藤や井上の西洋かぶれを徹底攻撃しました。

明治二十年四月二十日の伊藤首相官邸における仮装舞踏会では、伊藤がベニスの商人になり、井上馨が素袍烏帽子《すおうえぼし》の三河万歳になって朝の四時までバカ騒ぎとの記録が残っています。ノルマントン号事件で日本人が多数死亡させられている時に井上馨が三河万歳に扮していたら、当然、国民は怒ります。

また、この頃、女好きで有名な伊藤の女性スキャンダルもありました。

ある程度財産を持つ男が妾を囲うことは当然のように思われていた明治でも、伊藤博文の女好きはとりわけ目立ったようで、当時のゴシップ新聞である『万朝報《よろずちょうほう》』に「大勲位侯爵伊藤博文の漁色談は敢えて珍しからず世間に知られたる事実も亦甚だ多し」と書かれる始末です。

そんな伊藤が、戸田氏共《うじたか》伯爵の夫人極子《きわこ》に言い寄ったと報じられました。戸田伯爵は大垣藩（現在岐阜県の一部）元藩主で、夫人の戸田極子は岩倉具視の娘です。世が世ならお殿様とお公家さま、足軽風情の伊藤など足元にも及ばない高貴な方々です。とはいうものの、伊藤は総理大臣で時の最高権力者。欲しいものは何でも手に入れようとします。極子は大変な美人で、陸奥宗光夫人の亮子《りょうこ》とともに鹿鳴館の華と呼ばれていました。

妾はよくても不倫は明治にあってもスキャンダルです。噂が噂を呼び、新聞メディアが騒ぎました。ちなみに、夫の戸田氏共伯爵は、その後、オーストリア＝ハンガリー全権公使に出世しています。妻を伊藤に差し出して出世した、と陰口を叩かれました。

政府要人の狂態を見るに見かねた勝海舟が明治二十年五月に苦言を呈しています。全部で二十一か条あるのですが、その中から二つ紹介します。

一　近ごろ高官の方々は、さしたることも無いのに〈宴集夜会などにて太平無事奢侈の風〉に流れている。何とか工夫して〈穏便の御宴会〉にしてほしい。

一　舞踏会が盛んに行われ、〈ついては淫風の媒介となる如き風評〉も世間に伝わっている。すべてが噂通りではないのであろうけれども、〈今少々お控えいわゆる程よく〉やってほしい。

（「勝安房口演覚書」『明治文化全集　第三巻』所収、日本評論社、一九九二年、四八五頁。〈〉内原文、ほかは口語訳）

いわゆる「鹿鳴館淫風政治批判」です。亜細亜主義者の皆さんに言われるまでもなく、世の常識人からは政府の腐敗は度を超えていると思われたのです。

結局、井上馨は極端な欧化政策や外国人判事任用を条約改正案に盛り込んだことなどにより批判を浴び、九月に外相を辞任します。八年がんばって、何も成果が出せませんでした。とはいえ、この時期は誰がやっても列強が小国日本相手に条約改正に応じてくれるはずがありません。さりとて何もしないわけにはいきません。井上馨が、すべてを一人で引き受けてくれたから、後の陸奥や小村があるのです。外交とは、成果が出なくても国の立場を主張し続けなければならないこともあり、一貫して主張し続けてきたことが後で実を結ぶこともあるのです。

同時代の政治家たちは井上の仕事を見てきているので、彼の功績を認めています。なお現在では、井上馨というと鹿鳴館外交のイメージが強いものですから、パーティーばかり開いていた軽薄な西洋かぶれであるかのようなイメージを持つ人も多いでしょう。実際の井上自身の邸宅は茶室を構えるなど純和風です（竹内正浩『「家系図」と「お屋敷」で読み解く歴代総理大臣　明治・大正篇』実業之日本社、二〇一七年）。

また、井上馨は人間的に凄みがあり、恐れられていました。伊藤博文や山県有朋と比較しても、その威圧感は群を抜いていたようです。伊藤博文は天真爛漫《らんまん》で相手に安心感を与える人柄でしたし、山県有朋は面倒見がよいので人が集まりました。山県は巨大な「山県閥」を、宮中・枢密院・貴族院・陸軍・内務省・検察その他官僚機構に張り巡らせます。伊藤は派閥を作らなかったと言われますが、筆頭元老として幅広い人脈を誇りましたし、子分になりたがる人には事欠きませんでした。ところが、井上は本当に一匹狼です。怖くて周りの人が逃げてしまい、誰とも群れることはありませんでした（村瀬信一『首相になれなかった男たち』吉川弘文館、二〇一四年）。

井上辞任の前後、頭山満ら亜細亜主義者の攻撃は勢いを増し、政府批判の声は強まります。腐敗した政府が外国に媚びて無能を晒《さら》したのです。これで批判が広がらない方が不思議です。独裁国のように反対派を片っ端から暗殺するような国ならいざ知らず、日本人はそこまでやりません。内紛で自滅していた自由民権運動も盛り返します。「大同団結運動」が盛り上がり、とにかく小異を捨てて政府批判で結束しようとしたのです。中心は旧自由党の後藤象二郎です。

そこで政府が考えたのは、敵を取り込むことです。井上辞任が時間の問題となっていた八月、伊藤首相の依頼を受けて黒田清隆が大隈重信に外相就任の交渉をはじめています。十月から十二月にかけて「地租軽減・言論集会の自由・対等条約締結」を掲げる三大事件建白書が提出され、旧自由民権派の運動は盛り上がりを見せました。

第一次伊藤内閣（と次の黒田清隆内閣）は「大宰相主義」と言われ、首相の権限が絶大でした。しかし、そんな強いはずの伊藤内閣が在野の言論活動に右往左往する。法律的権限（power of command）があっても、実際に行使できる影響力（power of influence）は別問題ということです。正論を掲げて攻撃してくる自由民権運動と亜細亜主義者を無視するわけにはいかないのが明治政府の実態です。

年が明けた明治二十一（一八八八）年二月一日、大隈重信が外相に就任します。

のですから。

日本人全員が喜んだ帝国憲法

「日本は半文明国のままで良いのだな」と思われたら困るので、条約改正は交渉を続けなければなりません。また、「明日、列強と戦争をして勝って文明国として認めさせる」など不可能です。明治初年以来の富国強兵を続けて、やっと「小国としてはマシ」レベルなのですから。

しかし、「マトモな法を持つ」は、方向性を間違わずに努力を続ければ成果は出ます。

明治二十一（一八八八）年は憲法制定が政治日程に入っていました。四月三十日、憲法審議を行う機関として枢密院が設置されます。議長は伊藤博文です。伊藤は憲法制定に専念するため首相を辞任し、後任に黒田清隆を推します。

伊藤から黒田への政権移譲は、長州の次は薩摩というバランス人事という意味合いが当然あります。もっとも、伊藤にとって何よりも大事なことは、自分が総理大臣の地位にしがみつくことではなく、日本を立憲政治の国にすることです。そして、条約改正をすること。そのために憲法審議をする枢密院を創設し、自分が議長になったのです。

枢密院設置と同日に黒田内閣が成立します。外相の大隈など、ほとんどの閣僚が留任です。黒田は伊藤内閣の農商務大臣でしたから、このポストには前外相の井上馨を入れました。伊藤も閣僚ではありませんが、枢密院議長として閣議への参加資格を得ます。こういう大臣を班列《はんれつ》大臣と言います。

伊藤は十か月かけて憲法を審議しました。日本の伝統を壊すのではないかとの懸念に対し伊藤は、「文明国の通義を守るが、それはすべて我が国の歴史にあるからだ」との立場を説明します。西洋列強に文明国として認められねば条約改正はしてもらえません。しかし、彼らが文明と称する法をありがたがって受け容れて自分たちの伝統を捨てるのではない。

明治二十二（一八八九）年二月十一日。建国記念日に大日本帝国憲法と皇室典範が発布されました。

前文にあたる告文《こうもん》は、明治天皇が歴代天皇の霊に誓うという形で発布されました。原文は完全に祝詞で難しいので「倉山超訳」で要約します。

これまで宝物のような日本国を御先祖様から受け継いできました。
文明の発展に従い、ここに皇室典範と帝国憲法の条文を定めます。
私は守ります。私の子孫たちにも守らせます。

御先祖様たちにお願いします。お守りください。

明治十四（一八八一）年に「十年後に国会を作ります！」と宣言してから八年、ようやくここまで来ました。翌年には議会を開く政治日程になります。では、どうやって進めるか？

帝国憲法第三章（第三十三〜第五十四条）は、「帝国議会」です。我が国は建国より初めて、「議会」という存在を持ちます。第三章は、他の章と比べて、最も煩雑な規定です。たとえば、第四十七条です。「両議院ノ議事ハ過半数ヲ以テ決ス　可否同数ナルトキハ議長ノ決スル所ニ依ル」などという規定があります。今の視点で見ると「何を当たり前のことを」と思われるかもしれませんが、日本人は誰も議会なんて見たことがないのですから、外国で学んできた制度を明文化する必要があったのです。

第三章の冒頭です。

第三十三条

帝国議会ハ貴族院衆議院ノ両院ヲ以テ成立ス

第三十四条

貴族院ハ貴族院令ノ定ムル所ニ依リ皇族華族及勅任セラレタル議員ヲ以テ組織ス

第三十五条

衆議院ハ選挙法ノ定ムル所ニ依リ公選セラレタル議員ヲ以テ組織ス

貴族院と衆議院の規定ですが、この条文を運用するには具体的な法律が必要です。記念すべき明治二十二年二月十一日、皇室典範及び帝国憲法と同時に、衆議院議員選挙法と貴族院令を同時に公布しています。

こういう憲法の条文を活かす法のことを、「憲法附属法」と呼びます。附属法の「附」は「こざとへん」です。公用文では現在「附」は「附属」「寄附」「附則」「附帯」「附置」の五単語にだけ使われ，その他「交付」「付与」「付録」「付随」などには「付」を使います。現在の新聞などのマスコミでは「附」を使用しないように決められているので、すべて「付」ですが、本来の意味は違います。大事なものに付く場合は、「こざとへん」です。

ところで。明治神宮外苑にある聖徳記念絵画館には、幕末明治の日本についての歴史画が八十点あり、「憲法発布」関連の絵が二枚あります。そのうちの一つ「憲法発布」は皇居正殿において、天皇が黒田清隆首相に憲法の原本を授けている場面を描いています。

ベルツがこの時の様子を日記の中で描写しています。

天皇の前には、やや左方に向って諸大臣、高官が整列し、そのうしろは貴族で、そのなかに、維新がなければ立場をかえて現在将軍であったはずの徳川亀之助氏や、ただ一人（洋服姿でいながら）なお正真正銘の旧い日本のまげをつけているサツマの島津侯を認めた。珍妙な光景だ！　天皇の右方は外交団、広間の周囲の歩廊は、他の高官連や多数の外人のため開放されている。……玉座の間が、豪華なのだが、地色が赤で暗すぎた。

（前掲『ベルツの日記』上巻、一三四〜一三五頁）

もう一つの「憲法発布観兵式行幸啓」は、憲法発布式終了後に天皇・皇后両陛下が青山練兵場で行われる陸海軍の観兵式に向かわれる時に、馬車が桜田門を通過した直後の場面です。ここで、「バンザイ」が誕生しました。絵の左隅に描かれているのが帝国大学の学生たちです。そこには大学生ばかりではなく高等中学の生徒もいて、そのうちの一人が後に総理大臣となる若槻礼次郎《わかつきれいじろう》でした。若槻は、回顧録にこの時の情景を記しています。

以前から日本には、陛下が出御されるときに、これを歓呼する言葉がなく、ただ最敬礼といって、丁寧にお辞儀するばかりであった。……

それで大学の先生たちの間に、当日二重橋前で、陛下に対して歓呼の声を挙げ、それを将来日本の歓呼の形式にしようという議が持ちあがった。しからばどういう言葉がよいかといろいろ評議したが、経済学の教授の和田垣博士……が「万歳、万歳、万々歳」ということを提議し、これを唱えることに決まった。

（中略）

御馬車が二重橋を出てきた。高らかに「ばんざい」の声があがった。これが我国で万歳を唱えた第一声であった。ところが、豈図らんや、この突然の歓呼の声に怯えて御馬車の馬が驚いて棒立ちになり、足をばたばたやり出した。定めし陛下もお驚きになったことであろう。自然に一同は遠慮する気持ちになって、第二声の「ばんざい」は小さな声になり、第三声の「万々歳」は唱えず、それきりになってしまった。

（若槻礼次郎『明治・大正・昭和政界秘史—古風庵回顧録—』講談社学術文庫、一九八三年、二五〜二六頁）


バンザイは明治に始まった新しい祝福方法なのです。

帝国憲法は日本人のほとんどの人に歓迎されました。自由民権運動の活動家たちは「私擬憲法」を作成していて、それが先進的だったと評価されるのが常です。しかし、その活動家たちも、まさか政府がこんな立派な憲法を作ってくるとは、と満足していました。不満だったのは、中江兆民《なかえちょうみん》くらいです。

なお、伊藤博文は助手の一人だった金子堅太郎に帝国憲法と自ら執筆した解説書である『憲法義解』の英訳を持たせて欧米の憲法の権威者を回らせましたが、一様に「こんな開明的な憲法を作って大丈夫なのか!?」と心配されました。シュタイン先生をはじめ全員が好意的だったようなのですが、伊藤博文は「有色人種だから文明的な憲法を運用できないと思われてなるものか」と決意を新たにしたようです。

憲法制定とは、不平等条約を押し付けてきた諸外国に対しての「我々は文明国である!」との挑戦状なのですから。幕末以来の涙ぐましい過程は、倉山満『帝国憲法物語』(PHP研究所、二〇一五年)をお読みください。

超然主義など、最初から不可能

あらゆる法律は、条文より運用が大事なのは当たり前でしょう。そして、憲法は条文が立派であればあるほど、運用が大変なのです。

歴史教科書では「憲法発布」の次に必ず「超然主義演説」が出てきます。

通説
憲法発布の翌日、首相黒田清隆は地方長官を前にして演説をおこない、政府は立憲政治を採用しても、政党の動向に左右されることなく超然として独自の政策を推進するという、いわゆる「超然主義」の宣言を行った。

記述者の態度、「憲法を発布して民主化するようなポーズをとりながら、実は専制政治を続けていたんだ〜」と言わんばかりです。

黒田がこのような内容の演説を行ったのは事実です。しかし、思い出してください。この時の外務大臣は大隈重信という人ではありませんでしたか？　確かに大隈はこの時、改進党党首ではありません。しかし、実質的には改進党で最も影響力があるのは大隈です。井上馨の「鹿鳴館外交」が大失敗に終わり、自由民権運動と亜細亜主義者の攻勢をかわすために、二大政党の一角である改進党のオーナーである大隈重信を入閣させたのです。初代首相の伊藤博文が。

超然主義など、「何の話ですか？」で終了です。

黒田の「超然主義演説」の翌十三日のことです。帝国憲法の起草者である伊藤博文が井上毅・伊東巳代治《いとうみよじ》・金子堅太郎とシャンパンを飲みながら交わした会話が残っています。

助手三人は「政府が政党以外に超然として憲法政治を行うというのは無理だと思う。貴族院はともかく、衆議院は自由党・改進党が過去十数年地方に地盤をつくっているから多数を占めるに違いない。幸い自由党・改進党は融和を欠いているので、政府は皇室中心主義の第三党を糾合して議会の形勢を有利にするのが緊要である」と主張しました。しかし、伊藤は「そんな事はない。かのドイツのビスマルクを見よ。政府党を持っていないではないか。ドイツの議会には急進党あり、保守党あり、極左党あり、社会党あり、また、旧宗教派もある。しかるにビスマルクは超然として政党に左右されずにこれら多数の党派を操縦して憲法政治を行っているではないか」と返しました。

金子らは、「ビスマルクだからそれができたけれども、日本にはビスマルクはおりません。ビスマルクのような英傑がいなければビスマルクの政策を行うことは無理」と反論しましたが、伊藤は「君らの言う政府党を作ることは容易な事ではない。よって政府はまず今日の場合超然主義で進んで後日の形勢を見るのだ」とムキになって反論しました（金子堅太郎『憲法制定と欧米人の評論』）。さらに、「政府が一切の邪念野心を去り、真に誠心誠意を以て臨むならば、いかなる政党といえどもむやみと反対はできないものだ」と語ったとも言われます（金子堅太郎「伊藤公は語る」）。

非常に面白いやりとりです。伊藤博文は、たぶん三人の言うことが正論だと思いながら酒を飲んでいたのでしょう。

案の定、約一か月後の三月二十二日のことです。後藤象二郎が逓信大臣に就任しています。後藤象二郎もまた自由党の大物政治家です。大同団結運動の主唱者ですから、一本釣りです。議会を開く前から、政府は二大政党に気を遣いまくりです。超然主義など、酔っぱらいの大言壮語以外の何ものでもないのです。

外相に就任した大隈は、一応の成果を出しています。間違いなく前任の井上馨などは内心では「それが困るのだ！」と舌打ちしていたでしょう。今の外務省などは成果主義が甚だしく、会議をやれば共同声明を出さなければならないと考えている節がありますが、それは素人のやり方です。外交では「話をまとめてはならない」という場合も、「何も成果も進展もなかったから満点」という場合もあるのです。

大隈の仕事ぶりをみれば、それがよくわかります。

大隈は、不平等条約改正に応じてくれそうな国を探しました。そして見つけます。メキシコでした。

明治二十一年十一月三十日にメキシコとの修好通商条約調印にこぎつけました。日墨修好通商条約、最初の対等条約です。改進党の機関紙「郵便報知新聞」が、ここぞとばかりに大隈の「強硬政略」「偉大な手腕」を宣伝して人気を煽りました（井上清『条約改正』岩波新書、一九五五年、一四四頁）。

これで大隈は調子に……、おっと、勢いに乗ります。

憲法発布直後の二月二十日には、アメリカと改正通商航海条約を調印しています。列強の中で真っ先に応じてくれたのはアメリカでした。そして、これをきっかけに欧州列強とも条約改正を進めます。六月十一日にドイツ、八月八日にロシアとも調印しました。目覚ましい勢いです。幕末以来の悲願である条約改正は、英雄・大隈重信の手でなされるのではないか。立派な憲法を持った文明国として、名実ともに世界に認められる！

ところが、大隈が結んだ条約は、発効する気配が見えません。

私が当時の日本に生きていたら訝《いぶか》るでしょう。「あれ、こんなにうまくいくものなのか？」「あの条項をどうやって、乗り切ったのか？」「あの国が出てこないぞ」と。

高校日本史のおさらいになりますが、幕末の不平等条約には「最恵国待遇」がありました。ある国と結んだその国に有利な内容は、他の国にも適用されるということです。その象徴が領事裁判権です。記憶に新しいノルマントン号事件で、犯人を日本で裁くことはできませんでした。当該事件ではイギリス領事が裁判を行い、禁固三か月という大量に人を死なせたとは思えない冗談のように軽い判決を出しました。ちなみに、この判決に不服なら、高裁は香港、最高裁はロンドンにまで訴えに行かねばなりません。事実上の一審制、殺され損です。ある一国が領事裁判権を持っていれば他の国にも適用されます。それをメキシコは、日本との友好を重視して放棄してくれたということです。

だんだん、快進撃の大隈外交の実態がわかってきます。メキシコ以外の列強には、とんでもない約束をしていました。大隈案では、外国人裁判官を大審院（最高裁判所）に任用することになっていました。司法権の独立と言えば、文明国の通義です。如何《いか》なる権力にも介入されない司法権があってこそ、個人の権利は守られる。それを、よりによって外国人を判事に登用するとは？

大隈外交は、領事裁判権を放棄して対等条約を結んでくれたメキシコへの裏切りでもあります。はっきり言えば、それで済むなら誰も条約改正で苦労しないわけです。

そもそも、なぜ日本は条約改正ができないのか？　大隈は何もわかっていませんでした。あるいはわかっていても功名心で見ないフリをしたか。

日本に不平等条約を押し付けてきたのはイギリスです。その手口は、小著『嘘だらけの日独近現代史』（扶桑社、二〇一八年）に詳述しておきました。ちなみに、「嘘だらけ」シリーズの「日英」ではありません。「日独」ですので、お間違えの無きよう。イギリス公使のパークスは日墺通商航海条約の交渉過程に介入し、一方的に不利な内容を日本に押し付け、最恵国待遇で他のすべての国に適用させたのです。世界最強の国のイギリスが、なぜこの特権を手放すのか。

要するに、明治になって二十年以上も条約改正が一歩も進まないのは、イギリスが応じてくれないからです。アメリカだのメキシコだの、小国と話しても仕方がないのです。

交渉の内容が伝わると、当然ながら反対論が出ます。五月頃から大隈の条約改正に反対するものが出はじめ、七～八月には東京六大新聞がこぞって反対します。大同団結派の人々は示威運動を始めました。世論の高まりは八～九月にピークに達し、とうとうここに至って、アメリカ・ロシア・ドイツの三国は調印した条約を批准せず、日英の交渉を待つような態度を取りはじめました（『青木周蔵自伝』平凡社、一九七〇年、一五九頁）。

政府内からも反対され、明治二十二（一八八九）年十月十一日に伊藤枢密院議長が条約改正に反対して、辞表を提出しています。

そして十月十八日、大隈は玄洋社の来島恒喜に爆弾による襲撃を受け、右足切断の重傷を負いました。来島は、直後に自決しました。

当然、交渉はご破算です。

十月二十四日、黒田首相は辞任します。ただ、内閣総辞職には至らず、明治天皇は黒田の辞表だけ受け取り、他の閣僚の辞表を返して留任させました。

翌日、内大臣の三条実美が首相を兼任します。現代の感覚だと三条内閣の成立ですが、歴代首相には数えられず、「三条暫定内閣」として扱われています。

なお、重傷を負った大隈は十二月二十四日に辞職しています。

明治憲政史の出発点における、苦い経験でした。


後日譚には牧歌的な話があります。

黒田は辞任の直後、泥酔状態になって井上馨の邸宅に乱入し、「井上はいるか、井上は国賊なり、殺しに来た」と咆えて狼藉をはたらいたという事件を起こしています。黒田が首相在任中、井上が非協力的であったために腹を立てたのです。幸か不幸か、井上はこのとき不在でした（村瀬信一『首相になれなかった男たち』吉川弘文館、二〇一四年、一七頁）。

黒田清隆が酔っ払って妻を斬《き》り殺したという話は有名ですが、デマです。しかし、井上宅に乱入したのは事実です。黒田は、家で猟銃をぶっ放すなどハチャメチャ性格の持ち主でした。だから妻殺害のデマも信じられてしまうのです。

これで許されるのですから、明治から日本は平和的な国です。

十一月一日、首相を退任した伊藤博文と黒田清隆に、「元勲優遇の詔書」が発せられました。元勲は、後に元老と呼ばれるようになります。

憲法に基づく政治、憲法に立脚する政治、すなわち憲政が、いよいよ始まろうとしています。

第三章

買収と裏切りの第一回議会

山県有朋の信念「政党だけは信じない」

いきなり楽屋話をしますと、本書は政党嫌いの山県有朋を主人公にして政党政治を相対化する視点で描こうという企画だったのですが、自由民権運動の狂暴ぶりを史実に忠実に描いていたら、本来は主人公だったはずの山県の登場が遅くなってしまいました。

とはいうものの、首相になるまでの山県、地道に派閥を拡充しているだけで、あんまりおもしろいエピソードは無いのです。せいぜい、山城屋事件という汚職がバレて失脚しそうになった時、手下を切腹に追い込んで真相を隠蔽し、西郷隆盛にかばってもらったのに、西南の役では攻撃軍司令官として蟻のはい出る隙間もないほど包囲して西郷さんを自決に追い込んだ恩知らずな話くらいです。さすがに山県も良心がとがめたのか、降伏助命勧告をしているのですが、西郷は無視します。その直後、西南の役の報奨金で豪勢な別荘（今の椿山荘）を建てたので、民衆の人気は最悪という人でした。

山県は、天保九（一八三八）年生まれ、井上馨の三歳年下、伊藤博文の三歳年上です。幕末は高杉晋作が創設した奇兵隊を預けられるほど信頼されました。高杉の一歳年上です。

維新後は、陸軍一筋に歩みます。長州の天才軍人大村益次郎が暗殺されるや、その志を継いで近代陸軍創設に邁進《まいしん》します。明治六（一八七三）年からは陸軍卿となり、陸軍は長州閥が跋扈《ばっこ》します。実際、陸軍の歴代ドンは長州出身者が占めます。山県有朋～桂太郎～寺内正毅《てらうちまさたけ》～田中義一の系譜で、その全員が首相に上り詰めています。日本が軍閥国家と勘違いされる理由でもあります。

ただ「陸軍閥」と言っても、官僚機構の一つであり、中国の軍閥のように政府から独立したマフィアのような存在ではありません。また、「長州閥」といっても、山口県出身者だけで一つの官庁の人材を担えるはずがありません。山県は優秀ならば他県出身者も登用しました。田中義一側近として台頭した宇垣一成《うがきかずしげ》は岡山県出身で、山県にも可愛がられました。

山県は明治十六（一八八三）年からは内務卿に転じ、伊藤・黒田の両内閣ではそのまま内務大臣を務めます。内務省と言えば当時は官庁の中の官庁と呼ばれていました。武官と文官の頂点の役所に自分の派閥を培養していきます。

そして明治二十二（一八八九）年十二月二十四日、第一次山県有朋内閣が成立します。

首相　山県有朋（長州）
外相　青木周蔵（長州）

内相　山県兼任→西郷従道（薩摩）
蔵相　松方正義（薩摩）
陸相　大山巌（薩摩）
海相　西郷従道（薩摩）→樺山資紀《かばやますけのり》（薩摩）
法相　山田顕義（長州）→大木喬任（肥前）
文相　榎本武揚（幕臣）→芳川顕正（阿波）
農商務相　岩村通俊（土佐）→陸奥宗光（紀州）
逓相　後藤象二郎（土佐）

超然主義の建前ですが、自由民権運動の首魁の後藤象二郎が逓信大臣として入閣しています。

内閣成立と同時に内閣官制が公布されます。首相の各省大臣に対する統制権を明治十八年の内閣職権より弱く規定しています。だから、内閣職権が大宰相主義、内閣官制が小宰相主義と呼ばれます。これは最悪の事態を想定してのことでした。では、最悪の事態とは何か？

山県の行動原理は自由民権運動への不信に貫かれています。山県の本音は、「深く考えずに対外強硬ばかり主張する板垣や大隈、頭山などに軍事に介入されたら目も当てられない。国が滅びてしまう！」です。山県にとって最悪の事態とは板垣や大隈のような自由民権派の首相が出現することでした。もちろん極力これを阻止しますが、もし万が一民権派から首相が出ても大丈夫なように首相の権限を弱めたのです。

官僚機構のドンである山県が政党政治家に徹底的な不信を抱いていた。これを抜きにして日本近代史は理解できないですし、現代日本の病理も解明できないのです。

第一回帝国議会――副議長を決められない

明治二十三（一八九〇）年には、二月に府県会議員を半数改選しました。現代風に言うなら統一地方選挙です。「各地方選挙の競争甚しく、就中熊本県山鹿町の選挙の如きは改進・国権両党の戦闘中、国権党員一名即死し四名軽傷を蒙り、遂に警察より二人以上の集会を禁ず」です（「明治政史」『明治文化全集、第三巻』、一五五頁）。つまり、死人が出る選挙です。

五月、山県は閣僚の入れ替えをしますが、農商務大臣に陸奥宗光を据えます。明治天皇に「大丈夫か？」と心配されたのは、この時のことです。

陸奥宗光は、第一回衆議院選挙に立候補し当選します。現代でも民間人閣僚として登用された後に選挙で当選した竹中平蔵さんや川口順子さんのような人もいますが、陸奥はそのハシリです。

選挙は六月から七月にかけて行われました。六月に貴族院多額納税議員選挙、七月に衆議院議員総選挙と貴族院伯子男爵議員互選選挙がありました。

貴族院は主に皇族議員・公侯爵議員・伯子男爵議員・勅選議員・多額納税者議員のカテゴリーに分けられます。以下、内藤一成『貴族院』（同成社、二〇〇八年）によりながら、簡単に解説します。

皇族議員は文字通り皇族です。賛否の表明が望ましくない問題もあることから、ふつう出席しません。

公侯爵議員は旧大大名と家格の高い公家が中心です。人数は少なく、出席率も低いです。以上の皇族議員と公侯爵議員は世襲で、議員歳費はありませんでした。

余談ですが、大久保利謙《としあき》（一九〇〇～九五）という歴史学者は、大久保利通の孫で、貴族院議員でした。現在、歴史学の大御所となっている伊藤隆先生が若い頃、利謙氏に「歳費が入ってよかったですね」と言ったら、「君はそんなことも知らないのか！　公侯爵議員には選挙がないかわりに歳費もないのだよ。もっと勉強しなさい！」と叱《しか》られたそうです（伊藤隆『歴史と私』中公新書、二〇一五年）。日本近代史の権威の伊藤先生にもそんな時代があったのかと思うと、心がほっこりします。

伯子男爵議員は同じ爵位の者同士で互選選挙がありました。任期は七年。人数が多く、貴族院の中核的存在です。

勅選議員は国家に貢献した人や学識のある人の中から勅任されます。任期は終身です。

多額納税者議員は府県ごとに多額の直接国税を納める者より互選します。任期は七年。

つまり、選挙があるのは伯子男爵議員と多額納税者議員です。

ちなみに、元老たちも貴族院議員伯子男爵議員互選選挙に出馬しているのですが、維新の元勲級人物の中では伊藤博文、松方正義、勝海舟のほかは落選しています。山県有朋にいたっては大山巌と同点で最下位です。ちなみに、大隈重信、板垣退助も落選しています。衆議院なら国民的に人気のある大隈や板垣は当選したでしょうが、爵位を持った華族に衆議院議員の被選挙権はありません。それにしても元老の多くと大隈・板垣が落選ですから互選選挙は政治的実力がモノを言わない世界であることがわかります。

七月一日、衆議院議員総選挙が行われます。国民が直接議員を選ぶ直接選挙制です。代理人による選挙では中央の政争が地方に波及すると考えられ、それを阻止するため直接選挙制となりました。繰り返しますが、「有権者が総人口の一・一％という高度の制限選挙だった」は事実ですが「だから非民主的」とする捉え方は、同時代的背景を鑑みて間違っています（序章参照）。

当選者の三分の二は、府県会議員経験者で、約半数は地租三十円以上の地主でした（『日本政党史論』第二巻、八八頁）。立候補者たちにとっても、有権者にとっても、たいていの人は生まれて初めての選挙です。それまでも地方選挙はありましたが、選挙の意味合いがあまりよくわかっていません。候補者は各地元の有力者ですから、なぜ自分より社会的地位が低い者に「票を入れてください」などと頭を下げなければいけないのかという感覚です。

貴族院の伯子男爵議員互選選挙も単なる人気投票のきらいがあり、両院ともに選挙に権力と責任が伴うものだという考え方が身についていません。現代の政治家にそれが身についているかとツっこまれると、答えに困るような人も大勢いますけれども。

とにもかくにも衆議院議員選挙の結果、三〇〇議席中自由党（を中心とする院内会派、弥生倶楽部）が第一党（一三〇議席）となります。「あれ？　自由党って、解党したのでは？」と思うかもしれません。確かに解党しましたが、いつの間にか集まってきて、この年一月に復活していました。離合集散を繰り返しても「板垣自由党」で、田舎の地主の利益代表という組織基盤は変わりません。もっとも、板垣は看板で、このころは星亭が実質的な指導者です。

都市インテリを代表する大隈系の改進党はといえば、四〇議席です。自由党と改進党は仇敵《きゅうてき》ですが、政府攻撃では足並みをそろえます。というより、「どっちが激しく政府を攻撃するか」で競っているような関係です。

自由民権運動の流れをくむ自由・改進の二党は民党と呼ばれ、両党の合計で議会の過半数を制しました。貴族院は政府支持が多数ですが、山県内閣は野党が多数の衆議院を相手にしなければなりません。栄えある第一回議会は、ねじれ国会で始まりました。

九月十五日、自由党・愛国公党・大同倶楽部・九州同志会が合同し、今度は「立憲自由党」を結党します。その自由党結党式は大荒れに荒れました。

記録によると、当日は警官の数が百人以上いた。署長自らが指揮して警戒し、会員が来集の時と退散の時は館外数町に警官を配置し、始めは会員が休憩所より楼上に移る時は玄玄関から階下まで屏風のように整列し、演説会場では一般の人々の間に入って警戒していた。かつ来会者中大頭株は言うにおよばず、少し毛の生えた人々もまた護衛の壮士を従えざるをえない。なかんずく一隊の壮士およそ七十名、皆白飛白《しろがすり》の浴衣に白あるいは黒の兵児帯を回して会場内に散っていた。人はこれを白鷺連《しらさぎれん》という。福岡・熊本・石川の壮士で、この結党式を妨害しようとする者がいるが、大井憲太郎の幕下労働組の壮士および青年自由党の有志たちは早くにこれを聞き知って、場に乗り込み白鷺連に「そうはさせない」と言う。実に当日の会場はその勢い甚だ猛《たけ》く、叫び声が充満し、一時は満員総立ちの騒動だったので、誰がどんな議論を吐き、何人がこれに賛成し、もしくはこれに反撃したのかわからない。あるいは結党式は既に完了しているのかまだなのかよくわからないうちに解散となった（指原安三編『明治政史』）、だそうです。

四つの党が合同したので、党内指導権をめぐる抗争が絶えません。また、それまで中心になって運動してきた人々が代議士になったわけではなく、これまでの運動の担い手（院外団）と、選挙と議会によって権威を与えられた議員団との間にも対立が生まれます。

以上、最大多数党の自由党はガバナンスなど関係のないカオスぶりですが、そんな人たちが集まる議会が秩序正しいものとなるはずがありません。

明治二十三（一八九〇）年十一月二十九日は、帝国議会が開会し、憲法が施行されますので、両院議長はその前に決めました。

十月二十四日、初代貴族院議長に伊藤博文が就任しています。貴族院の場合は院の意思とは無関係に、議員中より勅任されます（内田健三・金原左門・古屋哲夫『日本議会史録』1、第一法規出版、一九九一年、四二頁）。

問題は衆議院です。十一月二十五日に議長副議長選挙会が開かれます。候補者三名を連記し、過半数獲得者が出れば当選です。出なければ上位六名で決選投票を行います。このように議長・副議長それぞれ三名候補を決め、そのうちの一名を天皇陛下が任命します。

以下は、国立国会図書館　帝国議会会議録検索システム　衆議院第一回　議長副議長選挙会の議事録をもとに要約しました。実際には長々と不毛な議論（というより言い争い）が続くのですが、超ダイジェスト版でお届けします。それでもマヌケな会議の様子が堪能できると思います。


議長・副議長を決める投票の仕方は決まっていたのに、議員らはそれに散々文句をつけた挙げ句に、結局、決まり通り投票する運びとなりました。

「投票用紙がないんですが」

「あなたが座席にいなかったからです。配ります。トイレに行っている人もいるようですが、なるべく漏れなく投票してください」

別の議員がまた
「投票用紙を一枚ちょうだい」

「まだ配布されていないのですか？」

とあきれる仮議長。

要領が悪いながらも投票が完了しました。結果、中島信行・津田真道が過半数を得ます。過半数を得なかった松田正久・楠本正隆のうち決選投票で松田が三位と決定します。議長候補三名は比較的すんなり決まりました。

しかし、副議長候補の選定で問題が起こりました。過半数獲得者が二回目の決選投票でも出なかったのです。決め方は勅令で規定されていたのですが、二回目でも過半数獲得者が出ないということは想定されていませんでした。つまり規定がないのです。延々と決選投票を続けるのか？　議論は紛糾しました。「次に過半数を超える候補者がなかったら上位者三名を当選としてはどうか」という意見が出て、これに賛成多数で議決しました。一見、問題ないように思われますが、「あらかじめの規定になかった」「勅令にそむくのか」などとさらに議論は延々と続き、なかなか採決に至りません。

「納得できない」

「もう決まったことです」

「いやいや」

「多数で決めたのだからいいじゃないか」

「議長、いったいこの始末、どうするんだ。あんたのせいだ」

議事進行の混乱を自分のせいにされた仮議長はオロオロします。

そんな様子を見かねた議員が仲裁に入ります。

「まあまあ、初めてのことだから」

「決めたんだからやろう」

仮議長は、もう破れかぶれ。

「直ちに決選投票を行うほかありません」

「いや待て」

「そう、やかましく言わなくても」

「過半数に達しなかったら多数から取るというのは勅令に反するから、そのような投票はしない。棄権する」

ついには棄権者が続出します。

「陛下は議会運営を円滑にとの思《おぼ》し召《め》しで勅令を出されたのであって……」

その場をなだめようとする人にも、疲れた仮議長は、

「もう決まったことなので賛成意見も反対意見も述べてもしかたがないことです」

とさじを投げます。

それでも言い足りない人というものはいるものです。

「同じことの繰り返しばかりで、迷惑だ。議会の仕事ができないじゃないか」

「そもそも議決したと言うが、起立した議員を目分量ではかっただけじゃないか。そんないい加減だ」

不毛なやりとりが続きますが、仮議長はなんとか決選投票に持ち込みました。

結果は津田真道が過半数で当選します。しかし、以下、芳野世經・楠本正隆・松田正久・河野広中……は過半数に至りませんでした。下手に過半数の当選者が一人出てしまったので、かえってややこしいことになりました。

「さっきは過半数が出なかった場合の話だった。一人過半数が出たから、このまま過半数に満たない上位あと二人を当選させるのではなく、四人で決選投票するべきだ」

仮議長は強く出られません。

「決選投票したほうがいいか、悪いか……」

決選投票など「無用、無用」と連呼される中、これまでのこともあるので仮議長は弱気です。

「一応、決を取ったほうが……。芳野世經・楠本正隆・松田正久・河野広中の四名で決選投票をしますか。賛成の方は起立してください」

起立者多数で、また決選投票です。あきれた一議員は言いました。

「今日はいったい何なんだ」（満場笑う）←議事録に本当に書いてあります。

投票の結果は楠本正隆が過半数を得て当選。芳野世經・河野広中・松田正久は過半数に足らず、芳野世經・河野広中の二名につき、ふたたび決選投票に至ります。結果、芳野世經が過半数を得て、やっと三名の副議長が決まりました。

議会が決めるのはここまでです。前述のように、この三名から一名を天皇陛下が任命します。しかし、毎回、最高得票者が議長・副議長に選ばれていますから、二位以下を選んでいた、ほとんどの議論は無意味でした。

帝国議会が開かれる前から、この体たらくぶりです。

先議権がある衆議院は強い――敵も味方も命がけの初期議会

十二月、山県は首相として施政方針演説を行います。明治二十四年度予算と、とりわけ軍備の必要性について述べています。「予算帳につきまして歳出の大部分を占めるものは、すなわち陸海軍の経費で御座います……国家の独立を維持し、国勢の伸張を図ることが最緊要のことと存じます……一国の独立の完全をなさんとするには、もとより一朝一夕の話のみで之をなし得べきことでござりません。必ずや寸を積み尺を累ねて、漸次に国力を養い、その成蹟を観ることを力めなければならぬことと存じます。すなわち予算に掲げたるように、巨大の金額を割いて、陸海軍の経費に充つるも、またこの趣意に外ならぬことと存じます。まことに是は止むを得ざる必要の経費である以上のべまする所の数箇の要点は、たとえ小異はあるとも、その大体につきましては、諸君において必ず協同一致せられんことは、本官は信じて疑いませぬ」と訴えます。

しかし、二大民党は「民力休養」を唱え、政府予算案に大削減を加えようとします。まず、年末に衆議院予算委員会は査定案を作成します。経常・臨時総計九四〇〇万円の政府案から約八〇〇万円削減して八六〇〇万円にします。政府の作成した予算から八％を削ると言い出したのです。明くる明治二十四（一八九一）年一月八日、衆議院本会議で予算委員長が予算査定案を報告します。松方蔵相は、当然ですが不同意を表明します。

さて、序章であげた通説を再掲します。

通説
明治憲法下の衆議院は、元老・枢密院・貴族院・軍・官僚機構などと比べ、最弱の存在だった。何の権限もなく、唯一与えられたのは、予算の先議権だけだった。

これが本当だったら、山県首相も松方正義率いる大蔵省も、衆議院など蹴散らして終了です。
本当かどうか、検証の第一歩として、ルールを確認しましょう。衆議院の予算権限は帝国憲法に規定されています。

大日本帝国憲法
第六十五条
予算ハ前ニ衆議院ニ提出スヘシ

第七十一条
帝国議会ニ於テ予算ヲ議定セス又ハ予算成立ニ至ラサルトキハ政府ハ前年度ノ予算ヲ施行スヘシ

第六十五条は、衆議院の予算先議権の規定です。これは決定的な拒否権として働きます。政府が作った予算を衆議院が認めなければ、政府は何もできません。しかし、衆議院にグダグダな議員たちがやってくることを見越して、帝国憲法には見事な仕掛けがありました。予算が否決された場合は前年度予算を執行するという決まりにしてあるのです。

ただし、第一回帝国議会だけは前年度予算がありません。だから、前年度予算を施行できません。

ここで状況を確認しましょう。

奏薦集団（元老）
＋
推進集団（山県内閣＋その他官僚機構）

vs.

拒否権集団（衆議院）

山県は他のすべての集団を傘下に収めていますが、衆議院だけは自由民権運動以来の民党が多数派です。国家の意思である予算を人質に取られています。しかも、民党の要求は「民力休養」です。「減税しろ〜」と求めてきています。

年が明けて明治二十四（一八九一）年一月一日、予算委員長の大江卓は自身の暗殺の噂について述懐しています。「一日、議会に出てみると、委員長室で同僚から言われた『昨晩暗殺されたという噂でしたが、大した傷ではなかったようですね』。確かに自分の家にも壮士が来るが、護衛の壮士も百人ほど養っていた。それに其頃の壮士は命懸けの人間は一人も居なかった。百円札の束でも投げてやれば、易易と帰っていった」（雑賀博愛『大江天也伝記』)。つまり、殺し屋を買収して事なきを得たのです。

自由党の代議士植木枝盛は一月七日の日記に自由党の会合で壮士になぐられて負傷したことを記しています。予算案の議事の最中、二十名ほどの壮士がステッキを持ち、「自由党の議員に改進党から賄賂をもらって多額の減額説を唱えるヤツがいる」と叫ぶ。無礼を叱ると、「こっちへ来い」と拉致しようとするから抵抗した。すると七～八名が暴力をふるってきた。前後左右よりステッキで打たれた。多勢に無勢で制することができない。倒れてしまった。起き上がると、椅子があったので、これで敵を打とうとしたら、もう敵はそばにいなかった。頭から血が流れているので負傷したことがわかった。出血がひどく、ハンカチでは拭《ぬぐ》えないほどだ。とのことだそうです(「植木枝盛日記」『植木枝盛集　第八巻』岩波書店、一九九〇年、一四三頁)。

中央でも地方でも反対派議員を暴力で脅して、多数派をとることが日常茶飯事に行われていました。民主政治の利点は暴力で政治を決めないことなのですが、まだまだ日本のデモクラシーは未熟でした。

初期議会時代の暴力的状況について、衆議院書記官長の林田亀太郎は、政府暴力団については、内閣書記官がフロックコートの上に兵児帯をしめ、秋広の一刀をブチこんで、実際に斬り合いに及んでいます(林田亀太郎『日本政党史』上巻、一九二七年、三一〇～三一三頁)。

犬養毅は品川で壮士にこめかみをきりつけられ、人力車からころげおちました。「政府は多くの乱暴者を雇っているし、民党側は『今日は殴られるか、明日は斬られるか、突かれるか』と思いながらやっていた。……その当時は、上奏とか、予算の如き重要な問題とかを上程する日になると、議院の内外ともに殺気立って、すこぶる物騒千万であった。院内廊下にある帽子掛けの下には、みんな申し合わせた様に仕込杖を忍ばせておいた」そうです(片山景雄編『木堂犬養毅』日米評論社、一九三二年、三八八〜三八九頁)。

後に犬養とともに憲政の神様と呼ばれることとなる尾崎行雄の描写も、生き生きとしています。「そのころの政治社会では、暴行することが一種の流行となって、議院内でも暴漢に襲われることが珍しくなく、包帯姿で登院する議員も、かなり多かった。犬養君も頭部に負傷をうけ、島田三郎君は二、三度襲撃を受け、そのたびに負傷した。高田早苗君は、背後から斬られて、ほとんど肺に達するほどの重傷をうけた。もう少しで即死するところであったが、太っていたので一命は助かった。……末松謙澄君の議席に傍聴席から馬糞を投げたり、議員同士議場で殴り合いをしたり、なかなか不穏であった。当時の議席は今のように党派別でなく、だいたい府県別で、民党の議員と吏党の議員とが、すぐ隣同志に座っていたから、喧嘩をしやすかった」とのこと(尾崎行雄『咢堂回顧録』上巻、一九五一年、一七七〜一七九頁)。

犬養も島田も改進党の幹部です。高田早苗も改進党員ですが、このころは若手議員で、後に早稲田大学の初代学長、さらに総長になります。戦後の乱闘国会など子供の遊びです。

こういう歴史を知ると、議席が党派別になっていることには意味があるということがよくわかります。

ところで、帝国憲法には議会の歳出削減を制限する規定があります。

帝国憲法第六十七条

憲法上ノ大権ニ基ツケル既定ノ歳出及法律ノ結果ニ由リ又ハ法律上政府ノ義務ニ属スル歳出ハ政府ノ同意ナクシテ帝国議会之ヲ廃除シ又ハ削減スルコトヲ得ス

しかし、二月一日の自由党の議員総会では、予算査定案議決にあたって事前に政府の同意を必要としないと決定します。このような議員団の強硬な態度の背後には、前述のような院外団による脅迫などの圧力がありました。議員は味方の強硬派から突き上げられ、政府側からも暴力的に脅され多方面からの圧力を受けていました。

予算を巡る激しい争いに業を煮やし、二月六日、山県首相は議会解散をほのめかします。

しかし、これはハッタリです。解散総選挙を行ったところで勝てる見込みはありません。山県もそんな幻想はいだいておらず、「解散するぞ」で議会を脅し、反省を促してみたのです。

また山県は、二月十日に憲法六十七条に基づく予算の削減は政府の同意が必要であると演説します。憲法解釈論争になっています。民党のかたくなな態度に山県は強圧的にのぞみ、山県の強硬姿勢が民党を硬化させます。悪循環です。

しかし、議員たちにも最初の議会が不祥の結末にいたることをおそれる気持ちがありました。保身もありますが、そればかりではありません。彼らの脳裏にはオスマン・トルコのミトハト憲法の事例がありました。トルコは憲法を制定したものの二年で停止しています。そうなると諸外国から「文明国ではない」と烙印《らくいん》を押されてしまいます。憲法を制定するだけなら簡単なのです。大事なのは運用し続けることで、それができなければ文明国として認めてもらえないので、不平等条約改正ができなくなります。この程度の論理は自由民権派にもわかります。しかも、彼らは日頃から条約改正しろと主張している人々です。

それでも、せっかく持っている拒否権ですから徹底的に政府と戦います。

山県は表では強硬な態度をとりつつ、裏工作を進めていました。

二月二十日、本会議で事前同意の緊急動議を吏党（政府支持党）の大成会の議員が提出します。すると、植木枝盛・林有造ら旧愛国社系（自由党土佐派）の議員二十六人が突然賛成側に回り、動議は可決されます。

植木らは山県に買収されていたのです。

翌日の『立憲自由新聞』に中江兆民は「無血虫の陳列場」と題する論説を載せました。

衆議院、彼は腰を抜かして、尻餅をついた。総理大臣の演説にふるえあがり、解散の風評をおそれ、二度まで否決した、すなわち幽霊ともいうべき動議を、大多数で可決した。衆議院の予算決議案をもって、あらかじめ政府の同意を求めて、つまり政府の同意を哀願して、その鼻息を伺って、その後に唯々諾々としてその命を聴くこととなってしまった。第一回目の議会で、同じことを三度まで議決して、竜頭蛇尾の文章を書き、前後矛盾の論理を述べ、信を天下後世に失することになってしまった。無血虫の陳列場……已みなん、已みなん。

（『立憲自由新聞』明治二十四年二月二十一日、『日本の名著　中江兆民』中央公論社、一九八四年所収）

政治的な信念よりも利権を優先する議員たちを「無血虫」と呼び、罵倒の限りを尽くしています。気持ちはわかります。

二十四日、植木枝盛ら賛成議員は自由党を脱党します。当たり前ですが、党にいられなくなったのです。

中江は節操のない議会に愛想をつかして、二十七日に議員辞職しています。

三月二日の本会議では、自由党脱党議員が吏党である大成会・国民自由党・無所属各派とともに政府と交渉し、政府案を六〇〇万円削減することで妥協しています。なんとか予算を成立させました。

第一回議会だけは前年度予算がありませんから、何としても予算を成立させないと、憲法の運用ができません。山県としては手段を選んでなどいられませんでした。

一か月後の四月九日に山県は辞表を提出しました。

第一次山県内閣は、意外と業績があります。ただし、それらすべてが議会開会以前に集中しています。明治二十三年、四月には民法を整えたり、商法を公布したりしていました。六月には行政裁判法、十月には刑事訴訟法を公布。同月「教育勅語」も発布されています。山県は黒田内閣の頃から国民道徳に関するこの種の勅語の必要性を主張していました。勅語の草案を作成したのは井上毅ですが、山県もこれに関与し、自身の内閣での発布となりました（岡義武『山県有朋』岩波新書、一九五八年、四八頁）。

十一月に議会が開かれてからは、第一回予算を通すことだけですべて終わってしまいました。

伊藤博文は『憲法義解』で、「予算が成立しないということは、よくて政府機能の麻痺、悪ければ国家の崩壊である」としています。山県もこれを理解しています。だからこそ、なりふり構わず民権派を恫喝し、それでも聞かないとなるや買収し、他のことはそっちのけでほぼ半年間、予算を通すためだけに腐心しているのは、国家崩壊を防ぐという意識があるからなのです。

なお、帝国憲法下の解散は、ほとんどが十二月か一月に行われています。昭和の「憲政の常道」の時代など、一月二十一日の通常国会冒頭で解散するのが慣例のようになっています。

そんなことをしたら予算が審議できませんが、前年度予算を執行しているので誰も困らないのです。今の憲法には前年度予算執行の規定はありませんから、こんなことはできません。

山県の手法はまったく褒められたものではありませんが、その後の政治の安定、少なくとも予算をめぐり「政府機能の麻痺」「国家崩壊」を防いだのですから、「救国の大買収」と評してもよいのではないでしょうか。

「無能総理」第一号の松方正義――名大臣、必ずしも名総理ならず

山県は首相を辞任しました。ただでさえ政党を徒党と看做《みな》す山県の政党嫌いに拍車がかかりました。とはいうものの、疲れ果てた山県は退場します。

山県は後継として伊藤博文をと考え、井上馨に伊藤の説得を託しました。井上は京都に行っている伊藤を訪ね、夜明けまで説得しましたが駄目でした。四月二十二日、伊藤は参内して受けることはできないと奏上し、西郷従道か松方正義のどちらかに大命降下をと請いました。長州の次は薩摩、というわけです。次に井上は西郷を説得しましたが、西郷は拒否し、松方を推します。井上は同意し、西郷らと一緒に松方を口説き、ついに松方が承諾しました（徳富蘇峰『侯爵山県有朋伝』下巻、三八～三九頁）。

要するに、主だった元老が全員逃げたので、松方にお鉢が回ったのです。

明治二十四（一八九一）年五月六日、第一次松方正義内閣が成立します。同日、山県有朋に元勲優遇の詔書が出ました。

松方は人柄が温厚で、いわゆる「いい人」でしたが、周囲の意見に左右されやすかったようです。薩摩出身ですが、志士としての活動歴はなく、二流と見られています。伊藤や

山県、井上、黒田などの藩閥の有力者が「ああだ、こうだ」と松方にモノを言います。それで、「黒幕内閣」「緞帳《どんちょう》内閣」などと揶揄されました（『明治政治史』下巻、二〇頁）。

松方正義と言えば、二度も総理大臣を務めることになる人物であり、高校歴史教科書に絶対に載っている人物ですから、日本人なら一度は聞いたことがある人だと思います。実際、大蔵大臣としては優秀でした。当時の大蔵省は財政に関するスペシャリストが集まる官庁で、その土台を築いたのが松方です。徴税・予算・国有財産・銀行・証券・関税と財政金融に関するすべての仕事を網羅する大蔵省は、松方により組織化されました。また、日本銀行を創設したのも松方です。

しかし、松方は飽くまで優秀な官僚でした。政治家には向いていませんでした。また政治家でも、大臣までは優秀でも、総理大臣になったら無能な人はいます。たとえば、高橋是清、若槻礼次郎、田中角栄などはどんな大臣をやっても抜群でしたが、総理大臣としては無能を極めました。そうした「名大臣、必ずしも名総理にあらず」の第一号が松方正義だったのです。

松方の無能は、組閣の段階で露呈します。

まず、五月二日に大命降下され、四日もかかって組閣ができませんでした。

組閣とは、総理大臣が各大臣に対して「〇〇大臣を引き受けてほしい」と依頼し、承諾を引き出す力がないとできません。その際には「○○大臣ではなく××大臣にしてくれ」など、様々な駆け引きがあります。松方にはその交渉・説得ができないのです。

この時は長州閥にしても選択肢がありませんでした。山県が辞職して松方になったわけですから、山県が首相を務めるわけにはいきません。ほかに残るのは井上馨ですが、前述のように黒田が物理的に殺しに来るぐらい薩摩閥からの受けはよくない。ということで、喧嘩両成敗で二人とも首相候補から除外です。井上自身も自由民権の闘士たちが跋扈する衆議院と戦うことを面倒がります。

井上ばかりでなく元老たちは毎回「お前がやれ」と押しつけあっています。「大臣病患者」だらけの現代の政治家では考えられませんが、第一回議会で民党が多数を握る衆議院の狂暴さに元老たちは腰が引けていたのです。

誰も大臣になりたがらない、引き受けてくれないので松方は最後の手段を出しました。前山県内閣の全閣僚の留任です。首相の山県は松方に代わりますが、松方は前内閣以来の蔵相は留任で兼任、昨日までの同僚に留任を求めたのです。

白けたムードの中、不必要に混乱させると責任をかぶりますから、結局は松方の思惑通りに事が運びました。いったんは。

閣僚名簿です。

首相　松方正義（薩摩）
外相　青木周蔵（長州）
内相　西郷従道（薩摩）→品川弥二郎（長州）→副島種臣（肥前）→松方正義→河野敏鎌（土佐）
蔵相　松方正義（薩摩）
陸相　大山巌（薩摩）→高島鞆之助《とものすけ》（薩摩）
海相　樺山資紀（薩摩）
法相　山田顕義（長州）→田中不二麿（尾張）→河野敏鎌
文相　芳川顕正《よしかわあきまさ》（阿波）→大木喬任
農商務相　陸奥宗光（紀州）→河野敏鎌→佐野常民（佐賀）
逓相　後藤象二郎（土佐）

運の悪いことに、内閣成立のわずか五日後に大津事件が起こります。訪日中のロシア皇太子（後のニコライ二世）を、日本は国賓として迎えていましたが、滋賀県大津で警護の任務についていた巡査津田三蔵が突如サーベルを抜いて皇太子を斬りつけました。

大国ロシアの東アジアでの動静に対しては日本国中が不安を感じていました。その警戒感はこの年三月のシベリア鉄道の敷設宣言によって一段と増していました。「皇太子の来訪は将来の日本侵略の準備のための視察だ」などという噂も流れていました。現に皇太子は軍艦七隻を率いてやってきており、日本を離れた後は、ウラジオストクにおけるシベリア鉄道の起工式に出席しています。

そんな時に、よりによって警護の警官が斬りつけたのです。日本は大騒ぎです。

その対処法についても閣内でも様々な意見がありますが、なかでも後藤象二郎逓相が最も過激です。「君（青木周蔵外相）が拳銃一丁持っていき、大津の獄窓より津田三蔵を拉致して一撃の下に斃すべきだ。犯人がいなければ善後策も簡単だ」などと言い放ちます。これに対して青木いわく「維新前なら、君の説は妙案だが、今日にあってはそんな暴挙は行えない。まして外務大臣の自分にそんなことができるか！」と返します（『青木周蔵自伝』平凡社、一九七〇年、二四六頁より現代語訳）。

青木外相・西郷内相はもちろん、何の大臣でもない伊藤博文・黒田清隆元首相も元老としての責任感で皇太子の療養する京都に向かいます。事件の二日後には天皇陛下御自ら京都に向かわれ、皇太子を見舞っています。

大津事件をめぐる法律的な考察は小著『検証　検察庁の近現代史』（光文社新書、二〇一八年)、その時の明治天皇については『明治天皇の世界史』(PHP新書、二〇一八年)を参照ください。なんとか事なきを得ました。

しかし、事件をきっかけに松方内閣は動揺します。

青木と西郷は、伊藤や黒田がまるで自分が外相・内相であるかのように行動したため、気分を害しています。青木は「伊藤伯の干渉容喙《ようかい》はとどまるところを知らない。自分らは当局者として面目をなくしてしまった。外国に対して内部の醜態を暴露するのは国家の恥辱なので我慢するが、このまま長くこの職にあることは到底たえることができない。近いうちに辞める」とぼやきます。これに西郷は「自分も君の意見に賛成だ。今回のことは外国に関する重大な問題だから、事局が結了するまで辞表を提出するのは穏やかでない。しばらくは忍ぶべからざるを忍び、事局の結了を待つべきだ。事局結了の暁には、自分も君と共に官を辞する」と答えます(前掲『青木周蔵自伝』、二五九頁)。

伊藤・黒田としては松方内閣が頼りないので、しびれをきらして動いたのでしょう。しかし、このように閣僚の不満を高めてしまいました。

事件後、五月十七日に、大山巌陸相が、そして大津事件の責任をとる形で二十九日に青木外相が辞任します。六月一日には西郷従道内相、山田顕義法相、芳川顕正文相の三閣僚が辞めてしまいます。一か月のうちに五人が閣外へと去りました。辞任ドミノです。

なんだか閣僚辞任のチャンス到来とでも思っているかのような行動です。頼りない松方と心中して政治生命の危機に陥りたくない気持ちはわかりますが。

組閣一か月で松方内閣はレームダック状態に陥りました。

外交問題は片付きましたが、議会対策が問題です。

残留組の大臣の中で、陸奥宗光農商務大臣に期待がかかりました。陸奥は代議士なので、議員と話せる大臣です。

しかし、元勲をそろえた一流内閣でさえ衆議院という拒否権集団にやっと対抗していたのに、二流の松方内閣でどうやって対応しようというのでしょうか。

八月十二日、政府は閣内一致を維持し、議会対策を統一的に行うため政務部を設置し、政務部長に陸奥が就任します。政務部は各省を指導・監督する強大な権限を持ちます。

伊藤博文は、陸奥・井上馨・伊東巳代治らと政府の方針を一致させるために、三か条を挙げています。

一　閣員外の人に政府の方針、及び政略を談論するに当り、各大臣の意見を一致する事。

二　議会に於て、大臣の言論を一致ならしむる事。

三　新聞紙・雑誌に於て、政府の意向を表明するに於て一致ならしむる事。

（『伊藤博文伝』中巻、一九四〇年、一〇五一頁）

当たり前のことしか言っていませんが、逆に、そんなことを改めて掲げなければならないほど、当時は基本的なことができていなかったようです。

しかし、九月十四日、陸奥は早くも政務部長を辞任します。品川弥二郎内相・高島鞆之助陸相・樺山資紀海相らと軋轢を生じ、無理に権限をふるえば内閣不一致に至る、にっちもさっちもいかない状態になったからです。仕方がないので十五日、松方首相が自ら部長に就任します。

九月十六日付の伊東巳代治の伊藤博文宛書簡によると「陸奥氏政務部長を辞したることは……内閣規約並に政務部の内規実行に至らず。例えば、機密金の交附を要求するも交附せず。遣払の帳簿の一見を望むも許さず。表面他の大臣は何事も拒まずして内実却て従わざるなどの自儘我儘行われ、ちっとも充分励行の望なきを見、さては昨日に至り辞したるものと存じ候。昨日の予算会議に於て……品川子は陸奥氏に対し『そんなに喧しく言うならば、足下内務大臣と為て遣てみよ』といい、榎本外相は『如何に政務部長でもそう命令がましく言われては困る』などの語もありし由にて、陸奥氏の政務部長の辞表を出したるは右会議の終わりたるの後の事に候」とのことです（『伊藤家文書』三四巻、一〇六四～六五頁）。

要するに、必要経費を出してくれないわ、邪魔ばかりするわなので、陸奥がキレて辞めてしまったのです。他の大臣は陸奥に対して「何お前、偉そうな態度を？」です。絵にかいたような空中分解です。

この時点で日清戦争の三年前。清国は海軍拡張の上、大デモンストレーションを繰り返しています。政府としては、海軍拡張は急務であり、陸軍も増やしたいのが本音です。しかし、自由民権の連中が「民力休養」を主張して軍拡を阻止しようとします。

しかも、民権派は「対外強硬」を唱え「清国と戦え」と言いながら、「地租軽減」で「税金をまけろ」と言う。

「いったいどうすればいいのだ？」というのが政府の悩みです。

第四章

日清戦争への涙ぐましい努力

蛮勇演説と憲政史上初の衆議院解散

既に満身創痍《まんしんそうい》の松方正義内閣ですが、他の誰も総理大臣をやりたがらないので、グダグダのまま議会を迎えます。

当時の状況です。

> 奏薦集団（元老）
> ＋
> 推進集団（松方内閣＋その他官僚機構）
>
> vs.
>
> 拒否権集団（衆議院）

より正確に言えば、奏薦集団と推進集団は前任の山県有朋内閣と違い、何のまとまりもありません。

たとえるならば、当時の衆議院は学級崩壊したクラスで、総理大臣は担任の先生です。山県有朋は格闘技で国体出場経験があり、「伝説の不良」として鳴らしたような人物です。対して松方は、偏差値秀才で格闘技経験ゼロの文弱な先生です。幕末の志士として戦場を駆け抜け、自身も手下の暴力団を使って代議士たちを恫喝《どうかつ》するような山県ですら最後は泣き落としに等しい買収で乗り切った議会を、何の裏付けもない松方に何ができるか。

松方本人以外の誰もが不安に思う中、明治二十四（一八九一）年十一月末から第二議会が始まりました。民党は前年の第一議会と同様に「民力休養」のスローガンを掲げ、明治二十五年度予算案を大幅削減しようとします。

十二月十日、伊藤博文は徳大寺実則侍従長に議会運営について意見を述べています。

「本年の議会も第一回議会のように予算を成立させるだけで満足するのであれば、政党騎《き》虎《こ》の勢いは一層激烈になり、……憲法政治はただ政党競争の勝敗に委《ゆだ》ねることになる。……政府に一定の政治的意図がなく、官吏社会は四分五裂しその志を失い、阿諛追従《あゆついしょう》する人を政党の党首にし、他日の位地を予謀するに至る。ゆえに政府部内の機密は一として漏洩しないものはなく、政党の探偵は難なく多くの重要事項について知ることができる。……不平の徒を貴ぶに足らず、少壮の輩《やから》重きを措《お》くに足らずといえども、我が人民は、なお幼稚なり、朴実なり。幼稚・朴実の人民は素絹のごとく様々な色に染まりやすい。民心の移り変わりが速いことは驚嘆に値する。これを今のうちに予防矯正する方法を講じなければ、おそらくは、のちに臍《ほぞ》を噛むことになり、立憲政治あるいは国家の元気を阻喪し、万が一にも東方大局の問題が起こって急激な変化に対処できないような事態に遭遇した場合、我が国の命運を危機にさらさずにおくことが難しい。それを思うとぞっとする。……もし議会が国家の公益を度外視し、いたずらに政府に反対するならば、解散によって政府の威信を示さねばならない」（『伊藤博文伝』中巻、一九四〇年、八〇九〜八一一頁）。

議会は政府への反対のための反対に終始し、官僚の中にも議会に国家機密を漏らす者もいる。伊藤は、立憲政治の先行きを不安視しています。

何より、清国の脅威が迫っています。既に東洋一の大戦艦「定遠《ていえん》」「鎮遠《ちんえん》」を竣工《しゅんこう》させ、これみよがしにデモンストレーションをしています。ちなみに清国の側は、「脅せば日本人は自分たちと戦う気を無くすだろう」と思っていたようですが、明治の日本人は逆で、危機感を強めました。問題は危機感の強まりと実際の政治の運営が極端に乖離していたことですが……。

政府は、来るべき日清戦争にそなえて海軍拡張予算を提示します。これに対し民党は、軍艦製造費および海軍省所轄の製鋼所設立費の全額削除を主張します。日ごろは「対外硬」を唱え、政府の条約改正交渉を軟弱だと主張していた連中が、です。

海相の樺山資紀は怒りのあまり十二月二十二日の議会で、大暴言を吐きます。「現政府は内外国家多難の艱難を切り抜けて、今日まで来た政府である。薩長政府とか何政府とか言っても今日国のこの安寧を保ち、四千万の生霊に関係せず、安全を保ったということは、誰の功力である」!!!

原文ママに、感嘆符を三つもつけてしまいました。

世に言う蛮勇演説です。

しかし、気持ちはわかりますが、相手を挑発してどうするのでしょうか。政治家は、とりわけ本当のことを言うと大問題になるものです。民党議員は激昂し、衆議院は二十五日、民党の主張どおりの予算大削減案を議決します。軍艦建造費・製鋼所設立費など八九二万余円削減です。これでどうやって戦えというのか。松方は即日、衆議院を解散します。日本憲政史上初の解散です。

樺山海相はもちろん、高島鞆之助陸相も一緒に激昂し、「再三再四解散し、遂に兵力を以ても今日のままにて政府を維持」すべきと主張します（津田茂麿『明治聖上と臣高行』自笑会、一九二八年、七四八頁）。陸軍と海軍が一致して行動するなど大日本帝国五十六年の歴史で数えるほどですが、この時は珍しく例外です。ちなみに、樺山も高島も薩摩閥です。薩摩出身首相の松方があまりに頼りないので、二人一致して内閣を支えないと日本は持たないと思っているのです。もっとも、「再三再四解散」は、憲法政治をまるで理解していない発言ですが……。

元老では、山県有朋は解散に賛成です。松方に「よくやった」と褒めています。原文は

「国家のため大賀の至に候」です（徳富蘇峰『公爵山県有朋伝』下巻、一九三三年、五三頁）。伊藤博文は解散やむなしと考えましたが、同時に内閣の不統一とその議会対策が拙《つたな》いとして、「内閣鞏固《きょうこ》ならざる原因」をあげつらった警告書を内閣に送っています。「政治の方針が一定していない」「浮説流言を信じ離間に陥る」「機密費の使用を誤る」「公衆に対し特に議会に対し赤心を表白せず（樺山は例外）」「各大臣相猜疑、ほとんど朝に夕を謀り難し」など辛辣です（前掲『伊藤博文伝』中巻、八一六〜八一七頁）。確かに、樺山は本音すぎるので例外ですが。

山県は自分ができなかった解散を松方が断行したことで褒めちぎっています。山県は高圧的な政治家というイメージがあって事実その通りなのですが、その政治家人生において内政においても外政においても慎重です。外国との摩擦、特に戦争に関しては常に慎重論ですし、国内の政争でも自分の内閣で解散をしたことは一度もありません。自分に人気が無いことを知っているので、議会対策では慎重なのです。

それに対して伊藤は自分の人望を過信しているようなところがありました。三回も解散して全敗です。

日本の汚点、第二回総選挙――官憲はサーベル、民党は日本刀で殺し合い

さて、第二回衆議院総選挙の投票日は、翌明治二十五（一八九二）年二月十五日と決まりました。この選挙は「品川弥二郎内相の選挙干渉」で有名です。各地に騒擾が発生し、死者二五人、負傷者三八八人を記録しています。現代でこんなことをやれば、国連から選挙監視団が送られてくるでしょう。

政府が率先して買収活動にいそしむばかりでなく、権力と暴力で圧力をかけ、一部には暗殺命令が出ました。

百瀬孝先生の『内務省　名門官庁はなぜ解体されたか』（ＰＨＰ新書、二〇〇一年）によると、「投票日、巡査の指揮した悪漢隊が、民党の選挙人を途中にまちぶせて、小銃をふりまわして投票しそうな選挙人には、武器を構えて追い散らした」「投票日のまえの晩、酒楼に二〇人をとじこめた」「警察署長が吏党に投票せよと説得してそれに承服できないと述べた者を勾留《こうりゅう》して投票時間がおわってから放免する」「投票にいく途中の者をたずねる筋があるからと警察につれていき投票時間に間にあわせない」「巡査が官職氏名をつげ、『陛下に忠勤をはげむ意志はあるか』と問い、『そのこころざしがあるかぎり陛下の解散し

た民党議員を選挙するのは不忠であり、ことに再選するのは不敬のはなはだしいものである』といい、これに抗弁すればすぐ暴漢を闖入《ちんにゅう》させて殴打狼藉半殺しの目にあわせ、被害者を勾留した」などの例があったようです。

また、高知県では吏党側が負けそうなため、郡長が投票箱を焼き捨てました。しかも、紛失したと称して再選挙し、その開票で民党得票を吏党側に加算して吏党を勝利させました。これはたちまちバレて、結局大審院の判決で民党勝利にいたったということです。ちなみに、この郡長は、投票箱焼きすてや開票操作の罪は問われず、「投票箱紛失」について罰俸月額二か月を科せられたのみ。しかも、その後は順調に出世しました。

極めつけは殺人命令です。後に政友会のナンバーツーになる松田正久に対しては、警察署長が巡査に松田を殺せと命令し、松田は落選したのちも逃げ回っています。以上、百瀬孝『内務省』（一一八～一二三頁）をどうぞ。これはダイジェストで、真面目に調べるとこんな話が山のように出てきます。

警察官がサーベル、野党が日本刀で斬り合いをする時代でした。もちろん「負傷者三八八人」の「負傷者」に軽症の擦り傷・切り傷は含まれません。たいていが、指が切り落とされたなどの大怪我です。政府は予算を通し、清国に勝つため、手段を選んではいられないと必死だったのです。

しかし、それでも選挙で吏党が勝利できませんでした。

結果は三〇〇議席中、自由党が約三〇議席減らしましたが、九四議席で第一党。立憲改進党は、ほぼ現状維持の三八議席です。両党で過半数を割りました。ただし、無所属が四四議席。吏党も過半数に達しません。

松方内閣は、「あとは買収でなんとかなる」と望みをつなぎます。

はっきり言って、この第二回総選挙は日本史の汚点です。日本にもこんな恥ずかしい野蛮な時代があったのです。

しかし、これが一回で済んだのですから、大変に文明的です。国際比較をするならば。名前を出して悪いですが、フランスなど百年間、これよりはるかにひどい状態が続いています。今でも多くの途上国は、日本の第二回総選挙をとやかく言えない状況ですし、選挙そのものが無い国も多くあります。

我が国でも、暴力で多数派を奪うというひどい選挙が一度行われましたが、一回でやめた。しかも、政府要人のほとんどは、「いい加減にしろ！」と時の内閣を叱りつけているのです。

伊藤博文は、関係した官吏全員の罷免を要求します。

「実力官僚」の裏に無能政治家あり

ところで、教科書には「品川弥二郎内相が選挙干渉を行った」と書かれていますが、実はこの時に大臣は病気がちで、実際に取り仕切ったのは内務次官の白根専一《せんいち》です。白根次官は実力派官僚で、全国の知事の主だった人を子分にし、半分秘密結社のような派閥を形成していました。つまり、内務省を完全掌握していて、白根を通さないと大臣は何もできないようになっていたのです。

ですから白根は総理をはじめ大臣に対しても偉そうな態度をとります。閣議で「あいつ何とかしろ」と言われても涼しい顔です。内務大臣の品川も同じ長州ですから、仕事のできる白根を庇《かば》います。結局、三月十一日、選挙干渉の責任をとって品川内相が辞職するのですが、白根は張本人のくせに何食わぬ顔で次官に居座ります。

品川の後任は副島種臣《そえじまたねおみ》です。かつて、清国の李鴻章《りこうしょう》と交渉し、相手の主張を撥《は》ね返した凄腕外交官です。

その、かつての実力政治家の副島は、選挙干渉の真の責任者である白根をやめさせるつもりで内務省に乗り込みました。しかし、逆に白根は副島を失脚させるべく全国に根回しし、知事十数名が一斉に辞職をもって逆恫喝してきました。副島は就任三か月で内相を辞任することとなります。

李鴻章に勝った副島が内務次官の白根に負けた。日本の官僚とは、いったい何なのでしょうか？　今も続く、意味不明の権力を持つ官僚の元祖がこの白根です。官僚の不気味な強さはすでに明治に始まっているのです。

首相の松方が無能であるために、誰もこの白根を止められない。官僚がやりたい放題できるという事は、政治家がなめられているのです。

自由党を議員優位にした星亨――政党の三要素

五月、第三議会が開かれました。議会第一党の自由党を率いる星亨が衆議院議長に選ばれます。星は自由党内に、議員中心の原則を確立させました。

ここで、政党における議員とそれ以外の関係についてお話しします。

近代政党では、綱領に基づいて司令塔が形成されます。司令塔は綱領（理念と政策）を実現すべく全国の組織に指令を発します。そして、党を支える全国組織が議員を当選させます。綱領（司令塔）・組織・議員は政党の三要素です。この三つが有機的に機能している政党が、近代政党です。

では、日本の政党においてはこの三つはどのような関係にあるでしょうか。現代日本で近代政党と言えるのは、公明党と共産党です。

両党ともに、党員全員に強制力を持つ、強力な理念があります。公明党は宗教そのもの、共産党は宗教を否定する宗教的な理念です。両党ともに強力な綱領に基づいて、全国組織を形成しています。そして全国組織が議員を当選させています。

公明党と共産党は日本の政党の中で異質ですが、特徴を三つ挙げます。

一つは、落選しても生活に困らないことです。共産党など国政では当選できる候補者の方が少ないくらいですが、落選しても組織での地位は上がります。個人で選挙をやっているのではなく、組織で戦っているからです。

二つは、他人の選挙をさぼりません。組織の論理が貫徹しているからです。

三つは、たいていの議員よりも秘書や職員の方が威張っています。秘書は、中央の司令塔から議員のところに派遣されてくるので、「議員より偉い秘書」は珍しくも何ともありません。「陳情に行く時は議員だけいてもダメ、秘書さんがいる時でなければ」というのが日常です。

公明党と共産党は国民政党ではないので日本では異質に思われていますが、組織としてはヨーロッパのような政党政治先進国では普通の、近代政党なのです。

一方、日本人が普通だと思っている自由民主党は、近代政党とは程遠い政党です。公明共産と比べると、一目瞭然です。

一つは、自民党のセンセイは、落選したらタダの人以下です。自民党初代副総裁大野伴睦《おおのばんぼく》の名言が「サルは木から落ちてもサルだが、代議士は選挙に落ちたら代議士ではない」です。実際、落選代議士の事務所にいるのは、借金取りと選挙違反を捕まえに来る警察くらいです。個人後援会や支援してくれる企業、あるいは業界団体が無ければ借金生活です。某代議士など、「吉野家の牛丼がごちそう」という生活を耐え忍んでいたそうです。

二つは、自民党の地方議員など、「コイツが落ちたら、次は自分が出られる！」などと思っていかねません。田中角栄や竹下登は最大派閥のみならず最強派閥の異名を恣《ほしいまま》にしていましたが、角栄も竹下も他人の「手伝い戦」を重視したからです。田中派・竹下派は他の派閥と違い、他人の選挙をサボるのが許されませんでした。だから最強だったのです。ということは、自民党の他の派閥には、他人の選挙を手伝う文化が無いということです。

三つは、自民党では、どんなバカ殿代議士と実力秘書でも、「殿様と奴隷」です。身分の差は歴然です。これは文化としか言いようがありません。一番有名な例だと、田中角栄首相と早坂茂三秘書です。早坂秘書は、たいていの田中派幹部よりも実力者でした。例外は数人くらい。しかし、角栄は「命をささげたオヤジ」です。二人の関係は、「殿様と奴隷」であることには変わりありません。

自民党は、議員絶対の体質です。そして、議員に個人後援会か業界団体がくっついてきて、理念ゼロで政策なんか官僚に考えさせる、近代政党の要素などカケラも見えない体質ですが、その源流は自由党にあるのです。

第一回総選挙の時は、自由党も改進党も、必ずしも今まで組織を率いてきた人が議員にならず、院外団は力を持っていました。

衆議院には、予算先議権（実質は決定権）があります。これは政権の死命を制する拒否権です。このことは、一回議会を経験し、誰もが気づきました。そして衆議院の議員であることは、権力者であるということなのです。議会の中にいる議員でないと、その影響力を行使することはできません。全国の壮士の人たちは、代議士になりたいと思うようになります。

衆議院議長で第一党自由党の実質的指導者の星亨が、議員絶対の文化を作っていきました。

さて、第三議会が開かれると、選挙干渉の恨みもありますから、民党は政府に攻撃を仕掛けます。五月十四日に衆議院は「選挙干渉引責決議案」を大多数でもって可決し、松方内閣は議会に七日間の停会を命じます。そして、停会明けに平然と登院する閣僚たちに、議会は「不信任案の可決にもかかわらず、なぜ政府は辞職しないのか」と問いただします。松方は「国務大臣は天皇の信任によってその地位にあるのであり、議会の決議によって進退するものではない」と答えて、いっそう民党の顰《ひん》蹙《しゅく》を買います（前掲『明治政治史』下巻、二六頁）。

では、議会に不信任された大臣が居座るとどうなるか。確かに議会に権限はないので法的拘束力もありません。しかし、影響力はあります。松方内閣の末期症状が、如実に示しました。

伊東巳代治が二十一日に述べたところによると、「この軟政府ありてこの軟国会あり。極端まで大衝突する決心は双方に無い。……先日の停会も時機を過った。改進党が総辞職を勧告するという風説を聞き、あわてて停会に決するなど、あたかも水禽《みずどり》の羽音を聞いて、驚いて遁走《とんそう》する腰抜け武士ではないかとの世評もあるので、松方伯に懇々注意しておいた」という情けなさです。

三十日、衆議院は予算案中の軍艦建造費などを削減します。高島鞆之助陸相は自由党の新井章吾らと通じて海軍費が通過できるよう交渉しましたが、八票差で削減になってしまいました。当事者である高島陸相と樺山海相の軍部大臣両名が議会対策をやっているのですが、うまくいきません。

六月初めには、伊東巳代治が伊藤博文に手紙を書いています。いわく「総理は泥に酔うた鮒の如く万事について才判するの力なく、今日名言したる事は明日は忘れたる如く、朝夕の意見の変化することさながら秋天の如しという有様にて、実際の総理は高島子爵に候。高島邸へは自由党の裏切り連中・吏党の将校ら出入頻繁にして、朝より暮に至るまで車馬塵を絶たざる全盛に候。……軍艦建造費を否決したる時の如きは、尾崎行雄は『海軍の拡張は望ましけれども今の海軍は日本の海軍なり。されば海軍を拡張するは取りも直さず薩人をして恩護に誇らしむるものなり』と言いて、至尊の統帥したまう陸海軍をもって薩長人の私物なりと妄断し、而して此理由よりして反対説を唱えたるが如きは言語道断なるに、樺山は昨年の元気は銷尽したりと見え傍らに黙聴しながら一言の駁正を加えず。いわんやその他の大臣・政府委員みな緘口して此暴論に甘んじ居るが如きは、実に痛歎の至りに候」です。

要するに、高島陸相が機密費で自由党の議員を買収しようとしているのです。代議士もタカリにいっているのです。

さらに六月初め、政府が自由党と内通したと知って、政府側の代議士が「政府は自由党と姦通した。こんな政府とは手を携えて政治を行うことはできない。むしろ政府の正反対に立って民党よりも一層激烈の運動をすべきだ」と怒り出します。味方まで敵にまわしてしまいました。高島陸相のところに怒鳴り込む者もいて、政府は周章狼狽します。副島内相が白根の専横に負けて辞任するのも六月五日です。もう、目も当てられません。

また、予算審議においては衆議院が優越しているはずですが、この第三議会では、貴族院が衆議院と張り合って、対等の地位を獲得しています。

六月六日、貴族院が軍艦建造費を復活させ、九日から十一日にかけて、海軍予算案に関し衆貴両院が予算審議権をめぐって対立します。ここで明治天皇が救いの手を差し伸べます。予算審議権において両院の差はないと勅裁し、貴族院の復活修正を認めるのです。十四日には両院協議会が予算修正について妥協しています。第三議会は閉会。なんとか収拾がつきました。

それにしても、陸相の高島鞆之助や内務次官の白根専一など、下っ端連中がしゃしゃり出ている現象は好ましくありません。高島は一応大臣ですが、白根にいたっては単なる次官です。

薩摩閥の松方率いる内閣の混乱ぶりを見るに見かねた明治天皇が徳大寺《とくだいじ》侍従長を長州閥の伊藤らに差遣します。「長州、なんとかしろ」というわけです。天皇は何も命令していません。しかし、侍従長の徳大寺実則《さねつね》が来たというだけで、伊藤・山県・井上の三人は恐懼《きょうく》します。彼らは、「衆議院を恐れ、内閣首班を松方に押し付けて、なんだこのザマは」という意味だとわかるのです。伊藤・山県・井上の三人が動きます。

ところで、品川の後任である副島内相が次官の白根に負けて追い出された話は前述の通りですが、その後は首相の松方の兼任を経て、河野敏鎌《とがま》が内相に就任します。第三議会終了後の七月二十日、河野は選挙干渉の本来の責任者である白根ほか数名の知事を免職・転任させました。松方内閣に対する非難を緩和しようとしたのですが、選挙干渉の推進派であった高島陸相と樺山海相は河野の人事異動に腹を立て、二十七日に辞職します。陸海軍は後任の大臣を出すことを拒否、軍部大臣を得られない松方内閣は三十日に総辞職しました。

組閣直後から「こんな内閣にいたくない」と次から次へと大臣が辞めていき、混乱の内に月日が過ぎて、結果的に丸々二年の政治空白を作ってしまいました。内政にかかりきりで、条約改正問題は進展がありませんでした。

日清戦争直前に英国へ恫喝外交を展開

松方首相が辞表を出すと、天皇は伊藤・井上および山県ら元老をお召しになり、元老会議は全会一致で伊藤を首相に推薦することに決めました。明治二十五（一八九二）年八月三日、伊藤は各元勲の入閣を条件に組閣を承諾します。

八日、第二次伊藤博文内閣が成立します。別名、元勲総出内閣。松方内閣末期に元老は一人も入閣していませんでしたが、それでは内閣が機能しないということで、今度は実力者内閣でいこうということになりました。

首相　伊藤博文
外相　陸奥宗光
内相　井上馨
蔵相　渡辺国武
陸相　大山巌
海相　仁礼景範→西郷従道
法相　山県有朋→伊藤博文→芳川顕正
文相　河野敏鎌→井上毅
農商務相　後藤象二郎→榎本武揚
逓相　黒田清隆→渡辺国武→白根専一

外務大臣に登用された陸奥は、条約改正を実現させることとなります。蔵相の渡辺、後から入閣する井上は伊藤の子飼い官僚です。

長州の山県と井上、薩摩の黒田・大山、半年後に西郷も入閣します。山県と黒田は元首相です。問題の内務大臣に井上馨が就くや、松方内閣での喧騒が嘘のように、官僚たちは静まり返ります。結局、「実力官僚」が跋扈できるのは、政治家が弱いからです。

日清戦争が終わった後に白根専一が逓信大臣に就きますが、かつての偉そうな態度はなく、借りてきた猫のように真面目に仕事をして終わります。

さて、伊藤内閣は元老総出で政府を立て直します。

奏薦集団（元老） ＋ **推進集団**（伊藤内閣＋その他官僚機構） vs. **拒否権集団**（衆議院）

松方内閣があまりにひどかったので強い内閣に見えますが、冷静に考えれば山県内閣の状況に戻っただけです。つまり、衆議院に多数を持たず、民党が拒否権集団として待ち構

えているのです。

第四議会は明治二十五（一八九二）年十一月に召集されます。そして、年が明けた明治二十六（一八九三）年一月十二日、衆議院は軍艦建造費を否決します。さらに、二十三日には弾劾上奏案を上程します。「弾劾上奏案」は内閣不信任案より効力の弱いものと考えてください。現代日本の参議院は内閣不信任案を提出できない代わりに、問責決議案を出します。「弾劾上奏案」はこの「問責決議案」と同じで法的効力はありません。しかし、無視はできません。議会の抵抗にあって、予算や法律が通りません。それで伊藤は、十五日間の停会としました。その間、政府は議会対策に励むのですが、そのかいなく二月七日、衆議院は内閣弾劾上奏案を可決します。解散をしても勝てる見込みはありません。しかし、予算を通さないわけにはいきません。

そこで、伊藤は衮竜《こんりょう》の袖にすがります。二月十日、製艦費補助のため内廷費三十万円を六年間毎年下付し、同期間中に文武官吏に俸給の一割納付を命じる詔書が出ます。明治天皇から「皇室経費から最小限のもの以外は全部削るから、これで軍艦を作れ」とのいわゆる「和協の詔勅」を出していただいたのです。「一割納付」とは、つまり減俸です。天皇陛下と政府の役人が衆議院にここまでして頭を下げた上で、「いい加減、軍艦を作らせてくれ」と頼み込んだのです。民党も、財源が増税ではないですし、天皇陛下を持ち出されてはしかたがないと、二十六日に製艦費を認める予算が成立します。

天皇の政治利用と言われても仕方がないのですが、清の脅威が高まっていますから、ここで軍艦を作らないと、日本は対抗できません。このとき予算が通らなければ、日清戦争の勝利はないわけです。

ちなみに、明治二十六（一八九三）年十月三十一日に文官任用令と文官試験規則が公布されます。それまでは帝国大学法学部卒業生は無試験で高級官僚になれたのですが、翌年からは高等文官試験に合格しなければならなくなりました。キャリア官僚制の起源です。

そして、また議会の季節がやってきます。十一月二十五日に第五議会が召集されました。この第五議会からは、政府と民党の間に変化が生じています。政府は第一党の自由党を引き込み、無所属や小会派を説得し、多数派工作を試みます。のちに伊藤は自由党と提携するのですが、その端緒です。しかし、この時はまだ、うまくいきません。

第一章で星亨が議長不信任を受け、「おしとおる」とあだ名された話をしましたが、この第五議会での出来事です。星の改進党攻撃を快く思っていなかった改進党が、ここぞとばかりに星を排除しようとしました。

そして、自由党との対決路線をとりはじめた改進党が、独自性を求めて掲げたのが現行条約励行論でした。現行の不平等条約を徹底的に守ることによって、イギリスその他の諸外国に不利益をもたらし、条約改正への圧力に使おうという運動です。条約に従えば、外国人は不動産を持てないことになっていますが、日本人の名義を借りるなどして、実際には取得していました。また外国人は日本国内を旅行できないはずなのですが、実際には病気保養や研究などの名目で各地へ赴くことができました。その運用はゆるかったのです。その名前は励行論ですが、実態は厳格適用論です。

現行条約励行論は主に明治二十六、七年にかけて対外強硬派によって唱えられますが、すでに大隈重信が外相だったころから、その発想はあります。たとえば、外国から商標の保護をもとめられても、日本の特許局に登録していない商標を保護することはできないと拒絶しました（井上清『条約改正』岩波新書、一九五五年、一四三頁）。

問題は、内閣が秘密裏にイギリスとの間に条約改正交渉を行っていたことです。条約励行建議案が議会で議論されることは、政府にとって、あまり望ましくないことでした。衆議院で安倍井磐根《あべいいわね》らが現行条約励行建議案を上程すると、伊藤は十日間の停会としました。十二月二十九日には陸奥外相が条約励行案反対の演説を行い、政府はイギリスに向けて「我々だってがんばって強硬派を抑えているのですよ」とアピールします。政府は同日十四日間の再停会を命じますが、翌日三十日に議会を解散しました。

年が明けて明治二十七（一八九四）年三月一日、第三回衆議院議員総選挙が行われます。

しかし、政府側は勝てません。自由党と改進党はむしろ議席を増やし、過半数を超えました。立憲自由党は一一九、立憲改進党は四八議席です。両党合わせて三〇〇議席中の過半数を占めました。

このときの最大の争点は引き続き外交問題です。対外硬派が六派に分かれていて、「硬六派」などと呼ばれます。彼らは政府を攻撃するとき以外は、まとまりがないので、陸奥外相としては、誰に話をすればいいのかわかりません。

総選挙の翌月の四月末には、朝鮮南部で農民が蜂起します。東学党の乱（甲午《こうご》農民戦争）です。朝鮮政府は鎮圧できず、天津条約に従って六月に日清両国が出兵します。しかし、清は朝鮮派兵の際には相互に事前に通告するという約束を守りませんでした。一気に半島情勢は緊張します。

六月十六日、日本は清国に東学党の乱の共同討伐と朝鮮内政の共同改革を提議します。二十二日、これを清は拒否します。では、朝鮮危機で議会がひきしまるかというと、そうでもありませんでした。五月から開かれていた第六議会での施政方針演説の中で伊藤首相は、「政府も条約改正をがんばるから、外交問題を政争の具にせず協力してくれ」と呼びかけますが、衆議院の対外硬派は譲りません。それどころか、三十一日には内閣弾劾上奏案を可決します。そして六月二日、再び解散です。前回の議会解散が十二月月末でしたから、半年のうちに二度解散した形です。

もう、やけくそです。

六月二日、衆議院解散の前に閣議が開かれました。閣議出席者は伊藤首相、陸奥外相、井上内相、渡辺蔵相、大山陸相、西郷海相、芳川法相、井上毅文相、榎本農商務相、黒田逓信相、そして山県有朋です。山県は三月に枢密院議長に転じて閣外にいるのですが、このときの閣議には呼ばれ、元老が勢揃いします。閣議では混成一個旅団の朝鮮派遣を決定しています。もし清国と衝突すれば全面戦争の覚悟です。

この日の閣議は、日清開戦と衆議院解散を同時に決めました。

元老たちは、清国との戦争には自信を持っていました。もちろん、楽に勝てるとは思っていなかったでしょうが、維新以来三十年間、帝国陸海軍を鍛えに鍛えてきました。絶対に勝てるという保証はないにしても、今なら勝てる可能性は高い。外交で決着をつけるしかなかった十年ほど前の壬午事変（明治十五年）や甲申事変（明治十七年）の時とは違います。

また清国の状況も万全ではないことを、政府は把握していました。優秀な外交官が表や裏の情報を集めて分析評価し、報告を上げていたのです。その外交官の筆頭は駐清公使代理として在北京の小村寿太郎です。定遠・鎮遠を持つ海軍にしても李鴻章という一軍閥の軍隊にすぎないということ、統合運用がまったくできていないということなどがわかっているわけです。

一方、衆議院解散には、まったく展望がありませんでした。何回解散をやっても勝てる見込みはありません。伊藤は何度も自ら新党を作ろうと工作するのですが、政党そのものを嫌う明治天皇や山県有朋の反対で断念してきました。

ただ、外交で展望が開けてきました。

陸奥は、何をやってもイギリスが反対して条約改正が潰れるので、イギリスとの交渉に絞りました。かなり悲壮な覚悟です。

前年十二月五日、青木周蔵は英国駐劄《ちゅうさつ》公使兼任に任命されました。翌日、日英条約改正全権委任状を下付されます。そして二十一日、陸奥外相より電信を受けとっています。

河瀬〔正孝〕公使出発の上はロンドンへ出張せらるべし。同公使解任状閣下の信任状および談判全権委任状は十二月六日のカナダ便にて発送せり。十二月十三日本大臣より発せし電信の旨意は閣下において了解せられたることと信ず。商議の地をロンドンに移すことおよび全権委任状到着前にても談判を開始することを承諾ありたしとの本大臣の請求は英国代理公使より已に英国政府へ電報せり。

（中田敬義編『日英条約改正記事』外務省、一八九四年、二一三頁）

陸奥外相の訓令には「全権委任状の到着を待たずにさっさと交渉に入り、機会をのがすな」との意気込みが感じられます。

また、清国との関係が緊張する中、「条約改正に同意してくれないということは、日本を文明国と認めないということですね。では、私どもに国際法を守る義理はないですよね」と遠回しに恫喝したりもしています。日清戦争が始まった直後に「日本は本当に国際法を守るのか」という問い合わせがイギリスから来ているので、そのニュアンスはしっかり伝わっています。

そして、陸奥の恫喝外交が功を奏して、イギリスが条約改正に応じます。

イギリス側の事情もあります。シベリア鉄道の建設などによって大量の物資・兵士が運べるようになると、ロシアが極東における自国の権益を侵すのではないかとイギリス本国が不安を抱いていました。交渉の追い風となる国際政治上の背景です。

明治二十七（一八九四）年七月十六日、日英通商航海条約が調印されます。イギリスが応じれば他の国も後に続いてくれます。領事裁判権の廃止と関税自主権の一部回復がなりました。日英改正条約調印式では「この条約の効果たる、日本にとっては、朝鮮において支那の大兵を撃退するよりも、その効力はむしろ遠きに達すると言うも過言にあらず」とイギリス外相が祝辞を述べています（日本外交文書　第二十七巻　第一冊　六五文書）。

イギリスとしては、日清戦争直前に、「日本にも保険をかけておこう」という計算です。清国一辺倒で、居留民が危険にさらされたら意味がありません。もともと日本への不平等条約は元手無しのタダで得ていた利益です。放棄しても惜しくありません。

関税自主権の方は一部回復ですから、まだ完全ではありませんが、幕末以来の悲願である不平等条約改正に大きく前進したことはまちがいありません。何より、外国人の犯罪を日本人が裁けないなどという不条理はなくなりました。

当時の内閣は、国内で無理難題を押し付ける議会と戦いながら、イギリスと恫喝外交を行っていました。

日本憲政史は、こんなにも涙ぐましい苦労の連続なのです。

日清戦争開戦——突如として挙国一致

もしかしたら勘違いしている人がいるかもしれないので、挙げておきます。

通説
自由民権運動は平和で民主的な人たちだ。

寝ぼけているのでしょうか。自由民権運動を日本国憲法の先駆けと位置付ける人が勘違いしています。しかし、「民主的」の実態は、衆議院に立てこもって予算を否決し、元老の内閣を総辞職に追い込むことです。では、平和的とは？

不平等条約改正から十日もたたない七月二十五日、日本艦隊が豊島沖《ほうとうおき》で清国艦を攻撃しました。豊島沖海戦の報が伝わるや、全政党が「よくやった、伊藤！」と政府支持を表明します。議会は解散中で総選挙の真っ最中ですが、日ごろから「対外硬」を唱えていた民党はこぞって政府支持です。突如として挙国一致体制が出来上がりました。

李鴻章は日本の政府と民党の対立を内訌《ないこう》状態と看做していました。第二回総選挙を見れば、言いたくなる気持ちはわかりますが。しかし、自由民権運動の人たちの狂暴さを甘く見ていました。連中は三度の飯より戦争が好きなのです。ちょうど昭和の阪神ファンがタイガースを応援するかのように、帝国陸海軍を応援しているのです。チャイニーズすら読み間違える自由民権運動の対外強硬論。李鴻章は、目が点になったことでしょう。

八月一日、宣戦が布告され、本格的に日清戦争が始まります。日本は陸に海に連戦連勝です。戦争真っ只中の九月一日に第四回衆議院議員総選挙が粛々と行われました。全政党が与党ですから、静かなものです。九月には、大本営が広島に移転します。大陸に向かう兵や物資の輸送が広島から行われたからです。天皇も、政府も、議会も、仲良く一緒に広島に行きます。

九月十六日に平壌を占領し、十七日には黄海海戦にて清国北洋艦隊を撃破します。

十月に開かれる第七議会も広島に召集されます。全政党が政府支持です。別に大臣の椅子を分けてもらったとかはありません。

十月十五日、井上馨が朝鮮駐在公使に任命されました。内務大臣からの転任です。元老級の人物が特命全権公使となるのは異例の人事ですが、朝鮮の内政改革を円滑に進めるためには大物が必要でした。外務卿として壬午・甲申事変の処理にあたった実績もあり、井上の手腕には疑いがありません。事実、朝鮮を不安定にさせていた大院君と閔妃一族との対立をおさえ、その政治を安定させています。

年が明けて明治二十八（一八九五）年二月二日、山東半島の威海衛を占領。十二日には、北洋艦隊司令官の丁汝昌《ていじょしょう》が降伏します。

日本は圧倒的に優勢な戦況のまま講和会議を迎えます。勝っているのだから講和も簡単かというと、そうでもありません。敵に対しては強く出られていいのですが、ただでさえ対外強硬の国内勢力は勝ち戦となれば、要求の度合いが高まります。
対外硬派たちのとんでもない主張を陸奥の回顧録から紹介します。

一派は「清国が自ら進んで降伏和議を要請し来るまでは海陸共に進撃を止むべからず。永久清国の反抗を抑制し、および東亜の平和維持の担保として少なくとも清国東北部における（盛京省と台湾）枢要の領土を帝国に割与せしむべし。軍資賠償は少なくとも三億円以上たるべし」と言い、また……改進および革新両党の重立ちたる輩は「戦後もし清国自らその社稷を保つ能わず自暴自棄主権を放擲する場合に陥れば我が国は四百余州を分割するの覚悟なかるべからず。その時は山東、江蘇、福建、広東の四省を我が領有となすべし」と言えり。また自由党は「吉林、盛京、黒竜江の三省および台湾を譲与せしむべし。日清両国の通商条約は欧州各国の条約に凌駕する条件を約訂すべし」と言えり。

（陸奥宗光『蹇蹇録《けんけんろく》』岩波文庫、一九三三年、一八五頁。現代表記に改めた）

対外強硬派の要求はとどまるところを知りません。言いたい放題です。しかし、伊藤首相や陸奥外相は無視します。昭和の愚かな政治家とは違います。

今日の敵は明日の味方かもしれません。後々の関係を悪くしないことが重要です。そして、第三国の思惑も考慮しなければなりません。後先を考えずに多くを奪い取ればいいというものではないのです。

四月十七日に、日清講和条約（下関条約）を締結します。朝鮮の独立承認、遼東半島・台湾・澎湖《ほうこ》列島の割譲、賠償金二億両の支払いを定めました。この下関条約で獲得する領土にしても遼東半島は陸軍の、台湾は海軍の主張を入れた結果です。ただし、これまた昭和のように官僚的なセクショナリズムで両方のメンツを立てたのではありません。陸奥は何手先も読んでいました。

陸奥は、戦後に日本の膨張を快く思わないロシアが介入してくるのは確実だと決めつけていました。だから、清との講和会議では獲れるものを獲っておいて、譲歩するしかないと思っていたのです。

下関条約から一週間もたたない二十三日、三国干渉が行われます。露仏独三国の公使が遼東半島の清国への返還を勧告してきました。「東洋平和の為に友人として忠告する」とかなんとか、訳のわからないことを言いながら。本音は、日本が強くなるのを阻止しようという魂胆です。

下関条約でもこれですから、自由民権運動の強硬派の言う通りにしていたら、全世界を敵に回しかねませんでした。

三国とも強国です。どの一国と戦っても勝てないに決まっているのに、三国が束になって売ってきた喧嘩を買うわけにもいきません。五月四日、閣議で遼東半島の放棄を決定します。三国の要求に屈しました。

ところで、ロシアが文句をつけてくるのは予想できました。フランスはロシアの同盟国ですので、理解できます。しかし、なぜドイツなのでしょうか？

実は、真の黒幕はドイツだということは早々に判明していました。四月二十七日、高平小五郎駐伊公使が、当地の外務大臣から聞き出したことを報告しています。いわく、「ドイツは初めイタリアを誘ったが、イタリアは拒絶した。ドイツの底意は欧州大陸の政略上、仏露の同盟を遮断、その関係を冷却させることにある」というのです（前掲『蹇蹇録』二九三～二九四頁）。

露仏同盟はドイツにとって脅威でした。挟撃されては敵わないので、両者を離反させたいわけです。フランスとロシアは欧州政治においては頼れる味方同士ですが、ロシアの東方進出にはフランスはあまり関心がない、あるいは無用のいさかいに巻き込まれてはむしろ迷惑です。そこへドイツが積極的にロシアを後押しすることでロシアの歓心を買い、露仏に楔《くさび》を打ち込む狙いがあります。

要するに、日本はドイツのエサにされたのです。ロシアの前に投げ出されたエサです。しかし、民党の連中には間違っても「ドイツが黒幕だ」などという情報は漏らしません。そんなことを言ったら、「ロシアとドイツに同時に宣戦布告しろ」と言いかねませんから。

日清戦争は戦闘が連戦連勝なものですから楽に勝ったような印象があるかもしれませんが、そこに至るまで元老たちは前述のように国内で戦っているわけです。国際政治情勢を把握した上で、これから起こることを予測し、それに対応した準備があったからこそ勝てたのです。

帝国主義の嵐が吹き荒れる国際社会の中で生き残るための国策を選択し、政府の結束を守り、そして議会にも対応しなければならない。

元老たちの涙ぐましい苦労は、続きます。

第五章

隈板内閣の悪夢

薩長、板垣と大隈を使い分け……られない

日清戦争には勝ちましたが、三国干渉には負けました。戦争中は政府を支持した民党も、戦争が終わったらまた対外硬派の政府攻撃を活発化させます。「政府は甘い！」と。その後の十年間、日本中で「臥薪嘗胆」がスローガンになります。政府もロシアに対する復讐の機会を狙うという煽りで国内の強硬派をなだめます。

ところで、日清戦争を境として代議士の考え方に変化が生じていました。「吏党」や「政府党」というのは、これまで蔑称だったのが、そうでもなくなり、自ら吏党を名乗る者すら現れました。

第一党の自由党は、明治二十八（一八九五）年七月の代議士総会で党の方針として、軍備の拡張、実業の奨励の必要を認め、「遼東半島の返還は誠に遺憾であるが、今日はしかたがない。このことに関して闘争をして国家の大事を誤るようなことを我が党はしない」と対外強硬派からは一線を画しました。同月末、対外強硬派の一派である国民協会も「遼東半島の件を不問に付すべきではないが、それよりもっと重要なことがある。今は軍備拡張や産業の振興で国力を充実させることが優先である」と自由党と同じ立場をとります

（前掲『日本議会史録1』、一七九頁）。こういうのは、政府の工作が利いている証拠です。議会が一丸となって政府の責任を追及する流れではなくなっていましたが、まだまだ対外強硬派が政府を追及する構えは崩れていません。

そんな時期に、蔵相となっていた松方正義が財源調達の方法について審議するための臨時議会召集を主張しました。こんな時期に議会を開いたら、三国干渉を受け入れたことについて突き上げられるに決まっています。伊藤博文首相や陸奥宗光外相は、松方が対外強硬派と通じて倒閣を画策しているのではないかという疑いを持ち、提案は却下されます。八月二十七日、松方は蔵相辞職に至り、その後は実際に対外強硬派に近づいています（前掲『首相になれなかった男たち』、九七頁）。

このころ、水面下では伊藤と自由党の提携交渉が続いていました。伊藤は以前から、議会対策に頭を痛め、ならばいっそのこと自分の政党を作ればいいと考えるに至っていました。とはいえ、伊藤は一方で自由党と一緒に国を導こうという話をしながら、他方で十一月十二日に辞表を天皇に奉呈しています。病気を理由としていましたが、八日に遼東半島還付条約が調印されており、日露関係の修復に努めたいとの希望も述べています。しかし、この大事な時期に伊藤の辞職は許されませんでした。自由党との提携話が進みます。

自由党としては「伊藤に辞められては困る。とっとと提携してしまおう！」というわけで、党は二十二日に伊藤内閣との提携宣言を発します。それでも伊藤は、十二月中旬に再び辞職洋行の勅許を奏請したりしています。当然、許されません。

年末に第九議会が召集されます。翌年明治二十九（一八九六）年一月九日、改進党をはじめとする対外強硬派が三国干渉の政府対応をよしとせず、内閣弾劾上奏案を提出しますが、自由党が政府支持ですから否決されます。提携の甲斐あって、議会運営に大きな混乱はありませんでした。

政府と自由党との連携によって政府も楽ができますが、自由党も味をしめます。これまでは拒否権を行使して存在感を示していましたが、あえて拒否権を行使しないことによって利権を得ます。始終対立しているよりも、時に政府と折り合って妥協する方がメリットがあるという当たり前のことに、この時やっと気づきました。

戦後の五十五年体制時代は、野党第一党の日本社会党が政府自民党からお金をもらって、八百長をしていました。国会運営で社会党はポーズで反対をしますが、最終的には政府を困らせる真似はしません。自民党も賄賂を渡して、社会党を買収して反対を取り下げさせます。しかも、社会党が最後まで徹底抗戦したけれども、与党が数の力で押し切ったという演出をします。そうすれば、自民党は政策を通した、社会党はやるだけ頑張った、ということで両党ともに支持者に顔が立ち、次の選挙で当選できます。与野党の談合です。

明治のこの時期も似たような状況です。自由党は、「自民党のような多数の議席を占める社会党」というイメージがぴったりきます。

初期議会においては、つたない買収とあからさまな暴力が支配していましたが、いまや洗練されたいい買収の時代に入りました。もはや「買収」とは言わず「提携」です。もちろんつたない買収がなくなったわけではないのですが。

国内はスムーズでも、外国では問題が起こっています。

井上馨が朝鮮へ赴き、なんとか現地を抑えていました。しかし、前年の明治二十八年八月に同じ長州出身の三浦梧楼《みうらごろう》を駐韓公使の後任にすえ、引き継ぎを終えた九月末に帰国しています。そして、井上が去ってまもなく、朝鮮では十月八日に閔妃殺害事件が起こります。

国王・高宗の妃である閔妃一派がロシアをたのんで宮廷内の親日派の追い落としを図っていたので、形勢を挽回しようと三浦は公使館守備隊とともに閔妃殺害を決行します。そして、閔妃派に押し込められていた国王の父・大院君を復帰させ親日政権を打ち立てました。伊藤内閣としては寝耳に水です。十七日、三浦を召喚し、後任に小村寿太郎を送りました。

その朝鮮で、今年もまた事件が起こります。

明治二十九年二月十一日、朝鮮国王は旧閔妃派から日本側が国王暗殺の計画を準備しているとの報を受けて恐怖し、ロシア公使館へ保護を求めて親露政権を樹立しました。親日派の首相金弘集が暗殺され、軍務大臣や政府高官も捕らえられて殺されました。その後、国王はロシア公使館から政務をとりました。

日清戦争は朝鮮から清の勢力を追い払い、朝鮮を独立させる戦争であったのに、これでは、清にロシアが代わっただけです。日露戦争への序曲はすでに始まっていました。

これを見た対外強硬派の国民協会が、二月十五日に対韓問題の政府問責決議案を上程します。しかし停会十日の後、二十五日に決議案は否決されます。言い出しっぺの国民協会が、政府の働きかけを受け、反対票を投じていました（前掲『日本議会史録1』、一九四頁）。

議会を無事に乗り切った伊藤は四月十四日に自由党総理の板垣退助を内相に迎えています。ただ、この時は自由党の党籍のままでは政府に迎えられないとして、板垣は党籍を離脱しています。そして、同月末には同じく自由党の実力者である星が駐米公使に任命されています。

提携は公然となりました。戦争に勝った政府と衆議院第一党の提携。外野からは安定政権に見えます。当然、内実は違うわけですが。

そのころ、山県有朋は外遊中でした。三月のロシア皇帝ニコライ二世の戴冠式に日本を代表して参列するためです。三国干渉以降、東アジア進出を目論むロシアと交渉し、日露の勢力圏《ナワバリ》を取り決めて、安定化を図ろうとしていたのです。

板垣入閣については、子分の清浦奎吾《きようらけいご》から書簡で報告が入ります。清浦の報告を要約すれば、「今さら驚くほどのことでもなく、提携の結果にすぎませんが、その入閣にあたっては政府に対し脅迫的でした。『ぐずぐずするなら提携を破る』とか、『内務大臣の椅子でなければいやだ』とか申しました。地方官〔知事〕の少なからずから自由党の内務大臣の風下に立つを潔しとせず引退の相談を受けましたが、まあ当分趨勢を見て時を待てということで落ち着いております。貴族院は第九議会の終わりに臨んで、郡制改正案は政府が自由党の歓心を買おうと同意した痕跡があるので、全会一致して否決するほどの情態ですから、板垣入閣については一層政府反対の気炎が上がることでしょう」です〔前掲『公爵山県有朋伝』下巻、二八三頁より要約〕。

板垣自由党の我がままを丸呑みして内務大臣の椅子を明け渡すことで、政府と自由党の提携により議会運営はスムーズになりました。一方で、この清浦の報告からもわかるように、官僚や貴族院の反発を呼んでいます。

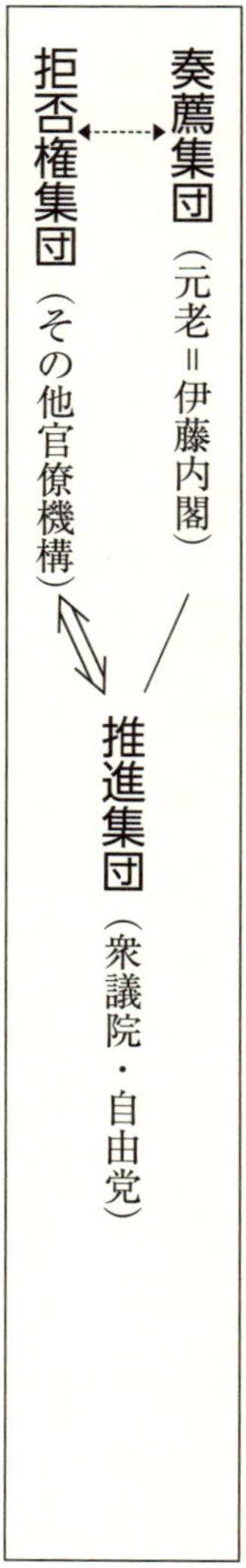

本来の推進集団である官僚機構が拒否権集団に、本来の拒否権集団である衆議院が推進集団になりました。ただ、本質的には衆議院は拒否権集団です。彼らを敵に回すと予算が通らず、政治ができないという構造に変わりはありません。

この時の第二次伊藤内閣は、閣僚の入れ替えはありましたが、基本的に元老総出内閣です。それまでの拒否権集団である衆議院第一党の自由党と提携を始めたら、それまでの推進集団である傘下の官僚たちの反発を買い始めたのです。それはそうでしょう。今まで苦しい時代を支えてきた子分からすれば、「なんで昨日までの敵を重用するのか」です。あちらを立てればこちらが立たず、です。

官僚機構の不満層は、伊藤の提携策を快く思っていなかった山県の下に集まり始めます。伊藤は、改進党の大隈を外相に、前年八月に辞めた松方を再び蔵相に呼び入れようとしました。挙国一致内閣を作ろうとしたのです。

しかし、改進党に不信を抱く板垣内相は大隈の外相就任に断固として反対します。そして、大隈と懇意にしていた松方は自分だけ入閣することを拒否しました。内閣改造に失敗した伊藤は明治二十九年八月末、辞表を提出します。

山県を中心とする元老会議は、後継内閣について話し合い、松方を推薦することに決定しました。バカのひとつ覚えのようですが、長州の次は薩摩！　伊藤の次は松方です。

こうして九月十八日、第二次松方正義内閣が成立しました。伊藤が自由党と提携したように、松方は改進党と交渉し、外相には大隈重信が就任します。大隈は第一次伊藤および黒田内閣でも外相を務めていましたが、それ以来ひさびさの入閣、約七年ぶりです。

松方と大隈を中心としたこの内閣は松隈内閣と呼ばれました。第二次伊藤内閣では板垣が入閣したほか政党からの猟官者はわずかで、しかも党籍離脱しましたが、この時の改進党は党籍を持ったまま多数が次官や局長、県知事などの官職についています（前掲『日本政党史論』第二巻、二七六頁）。

なお、改進党は三月に小会派が合流してきて、実はこのとき「進歩党」という名前になっています。

ここで提携関係について整理しておきましょう。薩長閥と提携政党の人物相関図（次頁参照）です。

薩長閥と提携政党の人物相関図

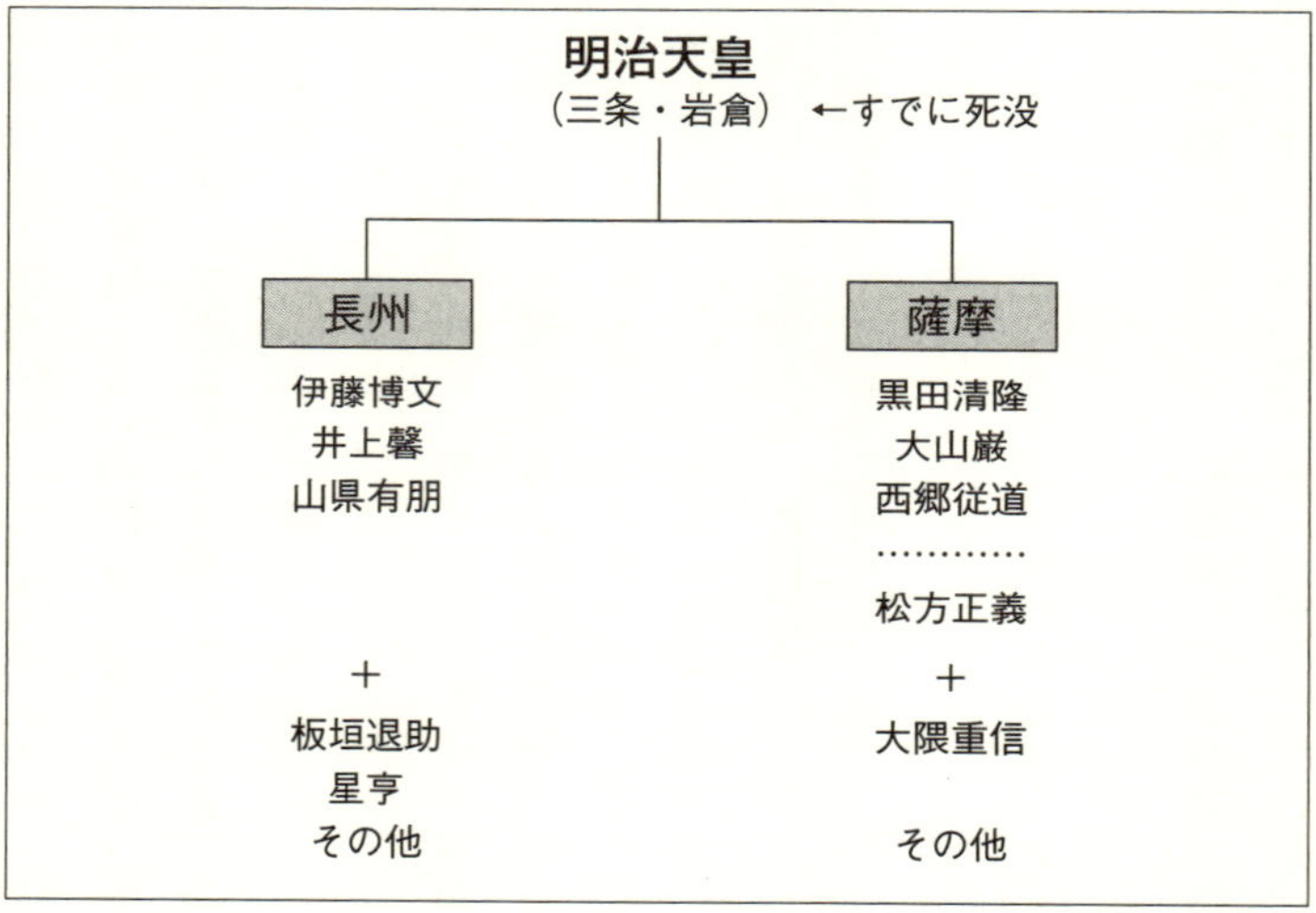

三条・岩倉はこの頃には既に死没していますが、かつてこの辺りの位置づけであったという意味で記しておきます。

　政府を動かしているのは、実質的には、薩長の二本柱です。薩摩閥の主要人物は黒田を筆頭に、大山、西郷、松方です。この薩摩閥が改進党（→進歩党）の大隈重信と提携します。薩摩はめぼしい人材がいません。図では長州より人数が多く見えますが、西郷と大山は軍事以外の政治からは身を引いています。

　そして、西郷と松方の間に点線が入っていますが、人物の格として、ここには超えられない壁があります。黒田・大山・西郷は戊辰戦争を一緒に戦った仲間ですが、松方は違います。その差を埋めることは不可能なのです。つまり薩摩では、政治のできる大物は黒田ひとりだけなのです。明治十四年の政変をやらかし、自分の内閣では条約改正交渉の失敗で大隈外相へのテロを招いたような、黒田が唯一マトモな政治家という泣きたくなるような惨状です。それでも薩摩は長州にとって討幕以来二人三脚を歩んできた盟友ですし、官界や軍にも鹿児島県出身者が多数います。長州もそれなりに遇しているのです。ただ、東京大学法学部出身者が官僚として官界に大量流入するようになると長州出身者の比率すら下がりますから、薩摩の存在感はますます無くなります。

維新樹立の時は薩長土肥の藩閥政府と言われましたが、今や長州が政治の中心です。そして長州は伊藤を筆頭に井上、山県の序列ですが、この三人はほぼ同格です。なお、板垣が長州閥の下にいますが、伊藤が首相の時に、自由党と提携したためです。山県・井上は基本的に板垣らに不信感を持っています。

なお、自由党の看板は板垣ですが、実質的な党首は星亨です。自由党にも進歩党にも派閥はありますが、ここで取り上げるほどの重要性は無いので「その他」にしておきました。

以上、大まかな人間関係は押さえておいてください。

第二次松方内閣は、長州に比べて人材のとぼしい薩摩閥が、第一党を自由党に奪われっぱなしだった進歩党（改進党）と組んで成立した、次席同士の組み合わせ内閣です。日清戦争に勝ち、対外的には小康状態にあるので、そんな松方内閣でもよかったのです。もっとも、内政的にも前回よりはマシにはなっています。第一次松方内閣では衆議院と全面対決していましたが、今回は一応大隈進歩党が味方についていますので、第十議会では進歩党以外の政府寄りの議員や中立議員などを抱き込んで曲がりなりにも多数派を占めることができました。

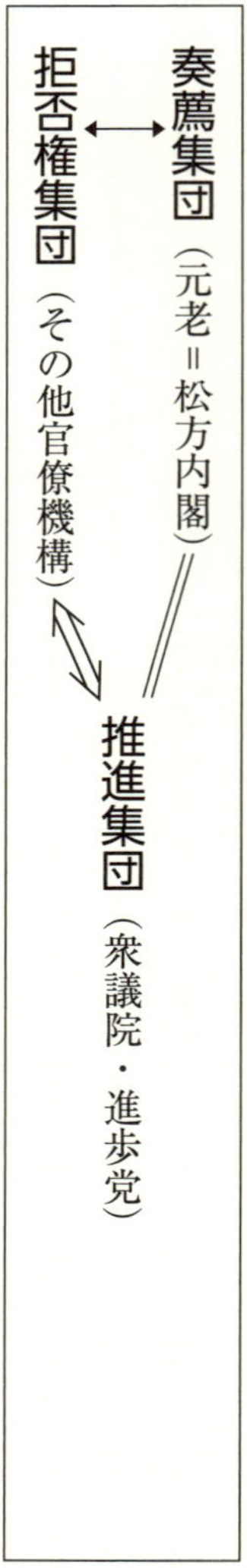

第二次松方内閣でも前任の伊藤内閣と同じく、本来の推進集団である官僚機構は不満層と化します。本来の拒否権集団である衆議院は政権を支える推進集団とはいえ、いつ牙を剝くかわかりません。

そして、政党人のあからさまな猟官は官僚を刺激しますし、松方の下にいた薩派が納得しません。松隈内閣にも亀裂が入っていきます。

明治三十（一八九七）年十月二十二日、調子に乗る進歩党が内閣改造や経費節減などを松方内閣に要求します。「大臣とは言わんが、ポストをもっと寄越せ」「税金まけろ」です。松方首相は二十九日、これを拒絶します。すると三十一日、進歩党は代議士総会で松方内閣との提携断絶を決議します。要求が受け入れられなかった大隈は十一月六日、外相および三月から兼務していた農商務相を辞職します。

政府内には、進歩党がダメなら自由党と組もうかという話もあったのですが、自由党が大臣の椅子を二つ、五名以上の知事の任用など過大な条件を出してきたので、提携に至りませんでした。

松方内閣は議会内に与党がないまま第十一議会を迎えます。予想外の悲惨な結果となりました。十二月二十四日に開会しますが、翌二十五日に内閣不信任案が上程されます。松方は即座に議会を解散しました。民党の挑戦を受けて立つ！　と思いきや、そのまま内閣総辞職しました。

衆議院を解散した直後に内閣総辞職。憲政史上、空前絶後です。

そもそも、議会に不信任された場合、政府は一回だけ衆議院の判断が正しいかを有権者に問うことができる、というのが解散総選挙の意味です。総辞職するなら解散しなければいいのです。ところが松方は、こういう憲政の論理がわからないのです。

松方は行き当たりばったりの男でした。第二党に大臣の椅子を与えて籠絡する。わがままを言い出したら、第一党に乗り換えようとする。それを断られて行き詰まると、嫌がらせで解散する。解散しても勝つ見込みが無いので、総辞職する。

松方は二度の内閣で、憲政史に汚点を残しました。

超巨大野党・憲政党の登場

薩摩がコケたら長州！　二十八日の元老会議は、伊藤と山県を推薦します。しかし、山県は固辞して「ここは君、伊藤さんでしょ」、伊藤は逆に「山県さん、お願いします」という押し付けあいの末、結局、元老会議は一致して伊藤を推薦します。そして、十二月二十九日、伊藤博文に組閣命令が下りました。日ごろ、筆頭元老として威張っていたツケとしか言いようがありません。

明治三十一（一八九八）年一月十二日、第三次伊藤博文内閣が成立します。

政党を敵に回しての議会運営が難しいことは伊藤がよくわかっているので、三十日に大隈に協力を求めます。解散時に第一党だったのは進歩党だったからです。大隈は自分を内務大臣にすること、進歩党から陸海軍以外の大臣ポスト三つを要求したので交渉は成立しませんでした。ついで自由党にも当たりました。自由党からは板垣を内務大臣にと求められこちらも交渉不成立です。三月に行われる衆議院総選挙を前に、それを取り締まる内務大臣の職を政党に与えることはできなかったのです（『明治天皇紀』第九巻、三七二頁、『日本議会史録1』、二一七頁）。

結局、第三次伊藤内閣の閣僚は以下の通りになりました。

首相　伊藤博文（長州）
外相　西徳二郎（薩摩）
内相　芳川顕正（山県直系）
蔵相　井上馨（長州）
陸相　桂太郎（長州・山県直系）
海相　西郷従道（薩摩）
法相　曾禰荒助（長州）
文相　西園寺公望（伊藤直系）
農商務相　伊東巳代治（伊藤直系）
逓相　末松謙澄（伊藤直系）

身内に大臣の椅子をばらまいた感しかありません。曾禰が代議士であるので衆議院との交渉役とも言えますが、政党を排除した顔ぶれです。組閣後、伊藤は自由党と提携します。自由党も選挙なので、表向きは反政府を訴えて票を集めたいのですが、実際に内務省（警察や知事）に邪魔されたくありませんから、閣外協力で手打ちをしたのです。

三月十五日に行われた第五回衆議院議員総選挙では、自由党が第一党となります。三〇〇議席中、九八議席です。ただし第二党の進歩党も九一議席です。

選挙が終わったので、板垣が入閣を要求してきます。四月十三日の閣議は、板垣入閣要求を拒否します。蔵相の井上馨が、板垣や自由党との提携が強まることを好まず、反対したためです。十六日、自由党幹部らが首相官邸に訪れ提携断絶を伝えます。忙しい話です。

こんなことをやっていながら、外交問題では一定の成果を挙げています。

四月二十五日、西・ローゼン協定を締結します。韓国についての紛争に関する日露の協定です。韓国が日本の勢力圏であることをロシアが認め、日本は満洲におけるロシアの勢力範囲を認めました。外相の西が駐日ロシア公使のローゼンと交渉し、韓国問題ではお互いに話し合ってから行動しようとの方針を取り決めたのです。ロシアは外交では慎重な国ですから、この時点では満洲問題あるいは、ヨーロッパの問題の方が優先順位が高いので、日本との無用な摩擦を避けたのです。朝鮮など後回しにしても良いとの判断で、実際の国力から言っても妥当な判断でした。ロシアがそう判断するだろうと思っているから、西も協定を持ちかけているのです。結局、国策は「臥薪嘗胆」ですから、時間稼ぎなのですが。外交で時間を稼ぎ、国力を蓄える。伊藤内閣の方針は明確です。障害は議会です。六月十日、自由・進歩両党が地租増徴案を否決します。ロシアに対して備えなければならないから増税させてほしいということなのですが、両政党は拒否します。外交で強硬論を唱えながら減税を要求するという、自由民権運動以来の体質は健在です。

伊藤は衆議院を解散します。前の解散から半年です。総選挙からだと三か月しかたっていません。前は松方の無責任解散を引き受けたのですが、今回は伊藤の責任です。伊藤は山県と違い、何の展望もないのに解散する悪い癖があります。

長州は板垣自由党、薩摩は大隈改進（→進歩）党と提携して、しばらく馴れ合い議会を続けてきましたが、それが失敗するといつも解散です。政府はもはや大政党の協力がないと、議会運営ができなくなっているのです。

そこで、民党の方も考えました。自由党と進歩党が組んだら最強ではないのか？　民党がすべて反政府であった自由民権時代の初心に返ったのか、突如として大同団結します。

六月二十二日、両党が合体して憲政党が結成されました。この時点で、衆議院の六割に議席を持っています。伊藤の解散は有権者の反感を買っていましたから、さらに議席を伸ばすのは確実です。国民協会という吏党は、物の数ではありません。これで衆議院は工作しようがなくなりました。政府は打つ手なしです。

万策が尽きたに等しい伊藤首相は、二十四日に元老会議を召集しました。天皇陛下ご臨席の御前会議でもあります。

以下、元老会議の様子を『明治天皇紀』第九巻（吉川弘文館、一九七三年）四五二～四五三頁をもとに、再現します。

議会運営上、政府も政党を持つべきと主張する伊藤に対し、山県は伊藤自身が政党の党首になることに反対します。

これに伊藤が反論します。「憲政党という巨大な新政党が組織された今、議会に多数を有する政党の首領である大隈重信と板垣退助の二人に内閣を組織させるほかに時局を収拾する策はない。しかし、もし元勲の中に自ら進んで時局を救済しようという者があるなら、その人に任せるが」と。

山県有朋は反対します。「内閣を大隈や板垣に譲り、政党内閣の端緒を開こうとするようなことは帝国の国体にも帝国憲法の精神にも反するものだ」と。これに他の元勲らも政党内閣はダメだと同調します。といっても、誰も自ら首相を引き受けようとはしません。

天皇は山県に内閣を組織させようと促しますが、山県は前途多難がわかっているので固辞します。

天皇は憂慮なさって、会議の後、伊藤を呼び「かつてのように伊藤が首相となり自由党を用いてはどうか」とのお考えを示されましたが、伊藤は「自由・進歩の両党が合同した今、それはできません。大隈・板垣にこの難局を引き受けさせるべきです」とお答えしました。天皇はそれでも容易に伊藤の意見にご納得されませんでした。

政権担当未経験の政党に政治が行えるのか、天皇はよほど不安を拭い去り難かったらしく、組閣前日二十九日のご様子を松方正義は「陛下の憂色がこのように深いのは、いまだかつて拝したことがない」と語っています（『明治天皇紀』第九巻、四六〇頁）。

憲政党誕生を見た伊藤は、この際、自分自身の政党を作り上げようと考えるに至りました。しかし、伊藤の新党計画は元老会議において強く反対されました。とくに政党不信の強い山県は大反対です。山県が、伊藤が政党を作ること自体に反対する理由の一つは、伊藤が今以上に発言権を増し、文句を言われることが嫌なのです。それ以上に困るのは、自由民権運動の流れをくむ政党政治家たちが軍事に介入してくることです。伊藤が創ろうとしているのは、板垣自由党を主軸にした新党です。自由党のような連中が政府内に入ってくる、まして軍事に口を出すなどということは山県にとって悪夢以外の何ものでもないのです。

他の元老たちから賛同を得られないと悟った伊藤は、官位、勲爵を返し、私人として政党創立にあたる決意を述べ、内閣総辞職を行うことにしました。

そのまま清国に渡ってしまいます。よほど日本政治から離れたかったのでしょう。ちなみに、清国では戊戌《ぼじゅつ》の変法と呼ばれる改革を実施中だった光緒帝《こうしょ》に大歓待されて、顧問として招かれることとなります。この動きを知った守旧派の西太后《せいたいこう》はクーデターを起こし、皇帝を幽閉するの挙に出ます。伊藤は、どこまでもトラブルに巻き込まれます。

ところで、自由党の岡崎邦輔は回顧録の中で、憲政党創立はほとんど偶然の産物であったとしています。いわく「ほんの茶飲み話から始まっているので、何も政治的な根拠や原因があったわけではないのである」とか。

解散の日、引き上げていく議員の中で進歩党の有力者平岡浩太郎が両党の幹部たちに「宅へ寄って茶でも呑んで行かないか」と誘ったのが大合同のきっかけでした。「お互い多年民権のために戦って、衆議院では常に多数を占めているにもかかわらず、いまだに藩閥の勢力に一指も染めることができず、政治は彼らの意のままに振る舞われている。不甲斐ない話だ。両党力を合わせさえすれば、藩閥政府など一挙手一投足の労で倒せるはずではないか。この際、お互いに過去の行きがかりや感情を捨て、藩閥打破のため、両党を解党して、一大新政党を創立してはどうだ」と、平岡はその場の空気から、普段考えていたことを言っただけで、周到な用意があったわけでもなかったのですが、集まった連中は一同賛成。各自党に帰って党議をまとめようという話になりました。板垣と大隈の両トップはそうでもないけれど、少壮幹部は乗り気です。話がどんどん進みました。

党首はと言うと、大隈は度量が大きい人だから、いずれ合同すれば、みんな自分の手中に丸め込むぐらいの考えで進んで話に乗ったが、板垣は大隈を信用していないから、躊躇した。……一国一党の大政党をわずか十二日で作り上げたのだから、無理もあれば不自然もあり、話の熟しない所のあるのも、当然と言わなければならない。形だけは堂々とした大政党ではあるが、一皮むけば中は生煮えの、いわば月足らずのような政党に過ぎなかった。それが無事に育つはずがない。

自由党でも党の大長老たる林〔有造〕、竹内〔綱〕、片岡〔健吉〕などという人は、ほとんどこの話に関係なく、両党首領も結党式当日まで一度も会合懇談しなかった。ようやく新富座の結党式に引き続き、式後両国の中村楼で開いた大懇親会の席上ではじめて話し合ったという有様で、順序も手続きも一切無視しておし進められたものであった。それでも、外見から見ると民党の大合同だから、その盛容は藩閥の連中を畏怖せしめる程のものはあった。

（岡崎邦輔『憲政回顧録』福岡日日新聞社東京聯絡部、一九三五年、五七～五九頁。引用部中、古風・冗長な表現など多少変更）

岡崎の言う通り、元老たちはパニックに陥り、政権を投げ出しました。しかし、憲政党とはこのような、にわか仕立ての張子の虎だったのです。

隈板内閣――ハワイ問題であやうく対米開戦に

総選挙中の六月二十六日、大隈と板垣の二人に組閣の大命が下ります。どっちが首相をやるか、二人で決めろとの意味です。三十日、大隈内閣が成立します。大隈と板垣を中心とした内閣なので「隈板《わいはん》内閣」と呼ばれ、政党政治家が首班となる最初の内閣です。陸海軍大臣以外のすべての閣僚を憲政党が占めました。民党は軍に友達がいないので、陸海軍大臣は出せません。桂と西郷に留任してもらいました。

首相　大隈重信（肥前、旧改進系）
外相　大隈重信兼任

内相　板垣退助（土佐、旧自由系）
蔵相　松田正久（肥前、旧自由系）
陸相　桂太郎（長州）
海相　西郷従道（薩摩）
法相　大東義徹《おおひがしぎてつ》（彦根滋賀、旧改進系）
文相　尾崎行雄（相模神奈川、旧改進系）
農商務相　大石正巳（土佐、旧改進系）
逓相　林有造（土佐、旧自由系）

構図が今までとガラリと入れ替わりました。

奏薦集団（元老）
拒否権集団（その他官僚機構）
vs.
推進集団（衆議院・憲政党）

元老には陸海軍大臣を出さずに、大隈内閣の組閣を邪魔するという手もあったでしょう。

そうすることで憲政党は組閣すらできない無能な連中であるとレッテル張りすることもできました。しかし、そんなことをしたら、誰が内閣を引き受けるのか。その後の議会運営が困難になるだけです。衆議院に圧倒的勢力を占める超巨大政党を敵に回すことは得策ではありません。事実上、不可能なのです。それが拒否権の強さです。

ただし、山県は「いざとなったら、内閣を潰せ」と子飼いの桂に言い含めています。もっとも、桂が動くまでもなく、隈板内閣は内紛を起こしてまもなく自滅するのですが……。衆議院で拒否権を行使しつづけてきた大隈と板垣が組み、内閣を組織しましたが、まったく政権担当能力がありません。

総選挙中の七月、既に外交問題を引き起こしていました。あやうく、幕末時代以来の最大の友好国で、条約改正でも常に最も親日的だったアメリカと戦争を引き起こすところでした。

当時アメリカは米西戦争の最中で、太平洋上のスペイン領での戦闘を有利に運ぶために補給地が必要でした。そのために便利な位置にあったのがハワイです。米国に併合されそうになったハワイが日本に助けを求めてきました。これに日本は外交辞令でなく本気で対応しようとしたのです。大隈首相兼外相と星公使が競うようにマッキンリー大統領に抗議文を送り続け、大統領は「日本から送りつけられる激しい非難はまるで宣戦布告のようだ」と仰天しました。

欧州の大国と違い、米国と日本とは新興国同士で、友好関係にありました。「なのに、急にどうしたのだろう?」と不思議には思ったものの、幸いこの時の米国政府は「日本の現政権はマトモではないのだ」と冷静に対応してくれました。

なお、星が大隈に対抗するように抗議文を送りつけたのには、自分が外務大臣になりたかったのに大隈が兼任したので許せないという背景もあります。星は大隈より過激です。七月七日、ハワイがいよいよアメリカに併合されると、「軍艦を派遣し、ハワイを占領しろ!」と大隈に電報を打っています。さすがに、受けとった大隈がかえって「そんなことをしたら戦争になる」となだめています（吉森実行『ハワイを繞る日米関係史』文藝春秋社、一九四三年、一五一頁）。

ロシアの脅威に対し臥薪嘗胆しているのに、その場の気分で外交を始めているのです。現代で言えば、中国の脅威があるのにインドの核実験に抗議して最後通牒を送り付けるようなものでしょうか。鳩山由紀夫も首相になった直後にアメリカとの関係をこじらせましたが、さすがにここまではやっていません。

八月十日、第六回衆議院議員総選挙が行われます。憲政党が二六〇議席と衆議院の八五

%を占めました。吏党の国民協会は二〇議席。実に衆議院の九割が民党です。

巨大与党なので向かう所敵なし……かと思いきや、予想されたことではありますが、旧自由党系と旧改進党系が当初から対立しています。旧改進党系が四つの閣僚ポストをおさえ、旧自由党は三つです。数の多い改進党系が閣議を主導することが多く、自由党系の不満が高まります。大隈が兼任している外相を自由党系に渡せば対等ですが、このポストを巡り闘争が起こります。

八月十五日、過激な駐米公使の星亨がアメリカより帰国します。星は哀れにも侵略されたハワイの運命や対米開戦よりも、国内政治の方が大事なのです。ハワイ併合問題を放り出して一方的に帰朝の電報を外務省に打ち、「帰朝を許さず」という返電を開封しないままサンフランシスコをたち、この日に横浜に到着しました。星は外相に就任したがり、板垣ら自由党系もこれを支持しますが、大隈は拒否しました。これで自由・改進系の対立が一層深まります。

次官・局長・知事などの官僚機構の要に、憲政党員が多数おさまります。現代でたとえれば、れいわ新選組の山本太郎党首が衆議院で九割を獲得して首相となり、お友達の活動家や怪しげな評論家や大学教授のブレーンを、大臣どころか官庁の次官・局長に据える。といった感じでしょうか。

憲政党内閣下の党員就官者（大臣を除く）

内閣	
内閣書記官長	武富時敏
法制局長官	神鞭知常
総理大臣秘書官	大石熊吉

外務省	
次官	鳩山和夫
参与官	志賀重昂
政務局長	早川鉄冶
通商局長	重岡薫五郎

内務省	
次官	鈴木充美
警保局長	小倉　久
秘書官	斎藤珪次
警視総監	西川志澄
北海道長官	杉田定一
北海道事務官	堀内賢郎
東京府知事	菊池侃二
富山県知事	金尾稜厳
静岡県知事	加藤平四郎
長野県知事	園山　勇
石川県知事	志波三九郎
栃木県知事	萩野左門
群馬県知事	草刈親明
香川県知事	小野隆助

大蔵省	
次官	添田寿一
参与官	栗原亮一
秘書官	桜井　駿

司法省	
次官	中村弥六
秘書官	宮脇剛三

文部省	
次官	柏田盛文
参与官	高田早苗
秘書官	中村　弼

農商務省	
次官	芝　四朗
農務局長	菊池九郎
水産局長	竹内正志
山林局長	佐々木正蔵

逓信省	
次官	箕浦勝人
鉄道局長	伊藤大八
秘書官	松本剛吉

坂野潤治『明治憲法体制の確立』（東京大学出版会、1982年、181頁）

政権発足早々党内対立を抱えた八月二十一日、尾崎行雄文部大臣が金権政治を戒める意味で、「かりに日本が共和政だったとするなら、三井や三菱が大統領候補になるだろう」と演説しました。共和演説事件です。単なるたとえ話であり、「共和政にしろ」と言ったわけではないのですが、「不敬である」「日本を共和政にとは何事だ」と物議をかもします。揚げ足とりにしか見えませんが、尾崎は改進党系ですから、自由党系はチャンスとばかりに煽動します。

もめにもめた挙げ句に尾崎は十月二十四日に辞任し、後任をめぐって荒れます。二十七日、改進党系の犬養毅が文相に任命されると、二十八日に星が憲政党解党を主張します。そして二十九日、板垣内相・松田蔵相・林逓相の自由党系閣僚が揃って辞表を提出します。

憲政党解党にあたっては自由党系の行動はあざとく、改進党系は滑稽でした。板垣らは辞表提出の日に憲政党の解党手続きを出し、自由党系だけで新たに「憲政党」という同じ名前で新党の結成届を出しました。板垣が内務大臣だったこともあって、迅速に処理されています。困った大隈たち改進党系は十一月三日になって「憲政本党」を結成します。「本家」とか「元祖」をつけて「こっちが本物だ！」と争っているお店や商品がよくありますが、まさにソレと同じです。

十月三十一日、大隈首相ら旧進歩党系閣僚も辞表を提出し、大隈内閣が崩壊します。組閣にあたって山県に言い含められた桂が何をすることもなく、大隈内閣が自滅しました。

この間、四か月。自由民権運動あがりの連中は衆議院で拒否権を持っていますが、実際に政権を担当したら何もできない無能者だと日本中にバレてしまいました。

拒否権を持っているので元老の内閣を次々と潰すのですが、自分では何もできない。

ここに、日本憲政史は新局面を迎えます。

第六章

難産の政党政治

議員歳費を三倍にして、合法的に与党を買収

自由民権運動の皆さんは、せっかく作った自前の内閣と同時に与党も潰してしまいました。衆議院に九割の議席を持つ巨大与党、憲政党は消滅しました。その中の半分が憲政党を結成します。もう半分が憲政本党を結成します。前章を読んでいないと何の話かわかりませんが、憲政党は板垣退助ら旧自由党、憲政本党は大隈重信ら旧改進党（進歩党）の後継政党です。

大隈内閣の閣僚は、陸軍大臣の桂太郎と海軍大臣の西郷従道以外は全員が辞職してしまいました。事実上、桂太郎が後継内閣組織の準備をすることになります。以下、第二次山県有朋内閣成立については、『桂太郎自伝』（平凡社東洋文庫、一九九三年、一九六〜一九八頁）に依拠して説明しましょう。

首相の大隈は、辞表は出したものの議会に多くの賛同を得る望みがあると公言しています。板垣らを切って、身内だけで政権を存続させる道を模索しているのです。

大隈内閣が瓦解した明治三十一（一八九八）年十月三十一日、在京元老は黒田清隆と松方正義だけでした。両名は「山県さんしかいないでしょう」ということで一致します。山

県は京都、井上馨は関西、伊藤博文は清国にいました。山県は急ぎ帰京します。井上は「誰を首相に推薦するかは任す」と伝えてきました。伊藤の帰国時期は迫っていたので、一日も早く新内閣を作らなければなりません。「もともと伊藤侯が大隈・板垣を推薦したのだから、大隈内閣の継続を主張するかもしれない。他の元老は政党内閣などダメだと見切っているからややこしいことになる。伊藤侯の帰ってくる前に内閣を成立させるのが伊藤侯のためにも国家のためにもよいことだ」と考えたのです。

黒田と松方の主導で、山県が奏薦されました。

要するに、伊藤が帰ってきたら大隈続投を言い出しかねないので、さっさと山県に決めたのです。こうして十一月八日、第二次山県有朋内閣が成立します。

大隈内閣の四か月の間に、平成時代の民主党三年半における悪政の十倍ぐらい酷いことになっていますので、それを立て直さなければなりません。首相候補として名前が挙がるたびに逃げてきた山県ですが、国をよくしようという意識だけはあるので、今回は引き受けます。

ちなみに、伊藤（長州）↓大隈（民党）↓山県（長州）の順に政権は移動しています。大隈内閣で薩摩が逃げた格好です。そして今また、薩摩主導で長州の政権が誕生しました。自分で政権を担う責任を放棄しているのです。後に鹿児島県出身の山本権兵衛《やまもとごんべえ》が首相にな

ります が、山本は元老ではなく薩摩閥の政権ではありません。ここに薩摩閥は、完全に長州の後塵を拝する立場に引き下がります。

さて、山県内閣の閣僚名簿です。

首相　山県有朋（長州）
外相　青木周蔵（長州）
内相　西郷従道（薩摩）
蔵相　松方正義（薩摩）
陸相　桂太郎（長州）→児玉源太郎（長州）
海相　山本権兵衛（薩摩）
法相　清浦奎吾（肥後）
文相　樺山資紀（薩摩）
農商務相　曾禰荒助（長州）
逓相　芳川顕正（阿波）

山県閥が多数入閣しています。同時代の政治評論家である鳥谷部《とやべ》春汀《しゅんてい》によると、清浦・

曾禰・桂は「直参」であり、芳川は山県の引き立てで出世したので山県に背けません。青木は傲慢不遜のため伊藤や井上には嫌われていますが、山県には第一次内閣の時から外相として用いられています。それで青木は「山県侯を徳としてその腹心なるを甘んず」なのだそうです（『春汀全集』第一巻、博文館、一九〇九年、一五六頁）。

この閣内に政党人はいません。しかし、山県は議会対策として、忌み嫌ってきた政党を取り込みます。山県は当初、板垣退助を内相とし、星亨を法相にと憲政党に申し込みました。総裁と実質的指導者を入閣させようとしたのです。しかし憲政党は四つの閣僚を要求したので、「そんな無茶はできない。呑めないものは呑めない」と提携を一時あきらめます。しかし、粘り腰に交渉は続けます。

山県は権力亡者で力の論理の信奉者であるがゆえに、自分が絶対に勝てない状況では喧嘩をしません。結局、憲政党の要求を大幅に入れて、十一月末には提携が成立します。この段階でも閣僚に政党人はいませんが、議会における憲政党の協力をとりつけました。

早い話が買収です。金でカタを付けたのです。政治の世界で派手な暴力はなくなりましたが、代わりに金が舞うようになりました。星は豪快に金を使いました。星としては政府からもらった金を党内でバラまけば自分が党を掌握できます。戦後の社会党と一緒です。

原敬の日記によると、バラまきの大元である山県内閣には宮内省から機密費九八万円が支出されているとあり、「単に議会操縦のみに使用したるものとも信じ難し、山県清廉潔白なるが如く装うも斯くの如き秘事あり」と記しています（『原敬日記』明治三十四年十二月六日）。

現代の金額に直すと、単純な物価計算だと三七億二四〇〇万円だとか。ちなみに給料の感覚だと当時の一円は今の二万円くらいの感覚だそうですから、それだと一九六億円です。いずれにしても、山県は大量にバラまきました。第一議会でもそうですが、対決はポーズで、裏では買収するのが得意技です。

奏薦集団（元老）
＋
推進集団（山県内閣その他官僚機構）＋拒否権集団（衆議院・憲政党）
vs.
衆議院野党（憲政本党）

以前の第二次伊藤・第二次松方内閣も、衆議院に提携政党を求めましたが、失敗しました。そして隈板内閣を招きます。しかし、その隈板内閣は木っ端微塵に空中分解し、元の構造に戻った格好です。しかも憲政党と憲政本党は、下手に手を組んだ挙句の喧嘩別れですから、政府攻撃で一致するなどできなくなります。憲政本党は政界の孤児と化します。

十一月に第十三議会が開会されます。山県には議会を乗り切る勝算がありました。懸案の地租増徴、つまり増税を断行します。反対運動が起こりますが、憲政党が増税案を支持したので十二月二十日に衆議院で、二十七日に貴族院で通過し、成立します。地租が二・五％から三・三％になりました。基本的に増税なのですが、原案では四％でしたから、それを三・三％に下げるという修正がほどこされ、「課税率を修正し負担を軽くしました」と代議士が選挙区で申し訳できるようにしました。ただし、こんな小手先の駆け引きで自由民権運動以来の旗印だった増税反対の旗を降ろさせたのではありません。

その見返りは議員歳費の増額でした。議会では星亨が議員法改正を提案します。「これからの時代、代議士の社会的地位を向上させて議員の誇りを高めよう」とかなんとか言いながら、年額八百円であった衆議院議員歳費を二千円に引き上げます。議員たちは喜んで成立させます（前掲『日本議会史録1』、二五四頁）。言い換えれば、山県による合法的な買収です。

議員たちの給料である歳費が一挙に二・五倍に上がりました。これにはさすがに、議員たちも相当に後ろめたかったようです。地租増徴を手始めに、山県内閣の施策にことごとく賛成します。

　年は明けて明治三十二（一八九九）年三月十六日には、府県制・郡制が改正されます。複選制（間接選挙）を廃止し、直接国税三円以上の有権者による直選制（直接選挙）になりました。また郡制における大地主議員を廃止しました。地主の地盤を切り崩すことが目的です。

　明治三十三年三月十日には治安警察法が公布されます。それまでの規制は自由民権運動を取り締まるのが主な目的でしたが、このころから社会主義や労働運動を抑えることに主軸が移ります。

　また、三月二十九日に衆議院議員選挙法が改正され、選挙資格が、直接国税十五円以上から十円以上に引き下げられました。そして、被選挙資格の納税条件を撤廃しました。人口三万人以上の四十二市以外は府県単位の大選挙区制です。以前は単記（二人選挙区は連記）記名捺印でしたが、単記無記名となりました。いわゆる中選挙区制です。第一党に有利な小選挙区制をやめました。

　その後、有権者数は明治三十五年に九八万人、明治三十七年に七六万人などと年によって増減がありますが、日露戦争を境に激増し、明治四十一年には一五八万人に達しています。有権者の総人口比は日露戦争中までは約二％だったのが、戦後は三％前後に増えています。日露戦争中の増税によって、有権者数が拡大したのです。

当時の増税は、国の命運をかけた闘いでした。山県有朋は大蔵大臣の経験はなく、大蔵省とは縁が薄いかもしれませんが、財政についての意識はある人でした。大蔵省のエリート官僚であり、後に総理大臣にまでなる若槻礼次郎が自身の回顧録に山県のエピソードを書き残しています。

山県公は軍部の総帥であったばかりでなく、地方制度などに非常な関心を持たれたことは人の知るところだが、公債の事、ことに日露戦後の公債の激増には大へん心配しておられた。それは軍人の頭目として、将来の戦争のことを考え、ことにロシアからいつ復讐戦をやってこないとも限らんということが、始終頭にある。そのときは、日本は敢然これと戦わなければならん。それにはもちろん金が要る。しかし今のように日本がたくさん公債を背負いこみ、今後も公債で平素の財政を賄うというようなことでは、有事の日に差し支える。そういう立場から、非募債政策や、減債基金の繰入れやに非常に注意されておった。そして財政整理委員の水町〔袈裟六〕などを呼んで、始終説明を聞いておられ、私も説明にいったことがある。財政お目付役たる松方、井上両元老から呼ばれるのは、むしろ当然であったが、山県公のごとき有力な元老から、たとえその立場は違うにしろ、借金に頼らぬ健全財政を激励されたことは、非常に心強く思った次第であった。

（若槻礼次郎『古風庵回顧録』講談社学術文庫、一四一頁）

なぜ健全財政をやらなければならないか。戦争になったら増税と国債の発行（借金）をやらなければならないから、普段からそんなことをしていてはならないのだ。今の財務官僚に聞かせたい話です。増税は平時ではなくて有事にするものなのです。なお、この時の公債は外債です。今の国債は主に日本国民が買っていますが、当時は外国からお金を借りたのですから本当の借金です。返済不能にでもなれば、植民地にされかねません。

山県内閣の業績のなかでも特筆すべきなのは、文官任用令改正と軍部大臣現役武官制です。どちらも、のちのち困ったことになるのですが、当初はそれなりに意味がありました。明治三十二（一八九九）年三月二十八日、文官任用令改正、文官分限令（身分と職務の保障）・文官懲戒令（懲戒の事由・種類）が公布されます。これまでは特別な資格がなくても任用される枠があったのですが、文官任用令改正によって、原則として文官高等試験の合格者でなければ任官できなくなりました。また文官分限令と文官懲戒令で、内閣の交代などによって官吏が免官されないようにし、官僚の身分を保障しました。現代までつながるキャリア官僚制の確立です。

ただただ、政党員の官界進出を防ぐための非常措置です。政党が力をつけてくるにつれて猟官運動が盛んになり、隈板内閣では地獄を見ました。もともと官庁で働いている官僚たちにとって、政党人は異分子です。キャリア官僚制は、官僚機構をグチャグチャにされないために導入されたのです。

翌明治三十三（一九〇〇）年五月十九日には、軍部大臣現役武官制を導入します。陸海軍大臣は現役の大将・中将でなければならないとする制度です。これまた、隈板内閣を経た経験から将来政党の勢力が軍部に及ぶのを防ぐ目的で定められました。さすがの隈板内閣でも陸海軍大臣だけは自前で出しませんでしたが、将来はわかりません。軍事に政治が関与するのを戒める精神から、文官大臣は避けられました。同時に、軍人の政治関与も戒められました。ちなみに、大日本帝国憲法の時代を通じて、現役軍人に参政権はありません。参政権が欲しければ予備役にならなければなりません。軍人は政治に関与しない引き換えに、政治介入を防いでいたのです。大山巌や西郷従道が、首相候補に推されても絶対に引き受けなかった理由でもあります。

山県の行動は、軍を含む官僚機構を守ろうとするセクショナリズムのきらいもありますが、すべて日露戦争に備えるためです。軍備を増強しなければならないので、増税する。地主の利権に切り込むわけですから、地主の代表である代議士たちは、議員歳費を三倍にする合法的買収をする。さらに参政権も拡大する。一方で選挙制度そのものも変える。そして、軍と官僚機構に政党政治家が入り込まないよう、軍部大臣現役武官制とキャリア官僚制とを敷きました。

立憲政友会創設――天皇からも御下賜金

自由党では早くから、板垣退助はタダの看板です。地域ごとに派閥があって、その領袖《りょうしゅう》の誰かを総裁にすると揉めるので、創業者の板垣が担がれていただけです。実質的には、資金力ナンバーワンの星亨が最大実力者です。

憲政党（自由党）を戦後の政党に例えてみましょう。社会党が自民党のような多数の議席を持つ大政党で、その幹事長を小沢一郎が務めている。そんなイメージの政党です。平成時代の民主党が潰れずに三十年続いているようなもの、と言ったほうがわかりやすいでしょうか。

では、星は山県の一連の施策をどのように見ていたでしょうか。長続きしないと見ていました。それならば機密費を巻き上げて（買収されて）、議員歳費も上げさせた方がいい。時期が来るのを待てばいい、と考えていました。そしてチャンス到来です。

政界を眺めれば、伊藤博文は何度も新党結成を試みています。今までは山県らに止められていましたが、路線対立は存在します。

星はここに目を付け、揺さぶりをかけるのです。

五月三十一日、憲政党幹部は入閣させてもらえれば協力すると山県に言いに行きますが、山県は拒否した上に辞意をもらします（林田亀太郎『日本政党史』下巻、四四～四五頁）。星らは「今や其の将に瓦解せんとする内閣に対して政権の分配を要求するが如きは猶ほ瀕死の病人と約して明日の計を定むるに等しきもの」と提携の断絶を明言します（前掲『公爵山県有朋伝』下巻、三九八頁）。

翌六月一日、憲政党幹部らは伊藤博文と会見し、党首就任を要請します。そして、伊藤は七月八日、星らと覚書を交わします。

電光石火の動きです。

伊藤は議会に基盤をもたない政府がいかに弱いか熟知しています。憲政党側は当初は伊藤を党首に迎えたかったのですが、それは断られました。そこで、うまい方法を考えました。憲政党を伊藤新党に合流させるという話にしたのです。こちらは伊藤に受け入れられました。実質は、どちらもたいして変わりません。憲政党は名を捨てて実を取りました。一気に政界再編が起きます。

奏薦集団（元老）
＋
推進集団（山県内閣その他官僚機構）

vs.

伊藤博文（筆頭元老）
＋
拒否権集団（衆議院・憲政党）

vs.

衆議院野党（憲政本党）

衆議院第一党の強みです。筆頭元老の伊藤を引き抜きました。憲政党を買収し上手く立ち回っていたつもりの山県は、窮地に陥りました。内務省や検察にも人脈を持つ山県ですから、伊藤や星の動きは察知しています。彼らが組んで山県の前に立ちはだかれば、拒否権集団として最強です。つまり、時間が経てばたつほど、不利になります。

五月には山県は、首相後継者を探していました。しかし、松方と西郷を説得したものの失敗します。松方を通じて伊藤にも話をもちこみますが、これも失敗します。松方と西郷の説得は、明らかに断るのを見込んでいます。建前上「長州の次は薩摩」だから、一応声はかけた。しかし断られたのだから仕方なく……という文脈づくりです。しかし、山県がいよいよ後任として桂太郎を考え始めたとき北清事変《ほくしん》が起こります。昨年山東《さんとう》で蜂起した義和団率いる暴動が河北に拡大したのです。山県にはそんな時に政権を投げ出すわけにはいかないという国家意識がありますから、辞職問題は一時棚上げになります。

義和団に対し、日英米仏露独墺伊の八か国連合軍が出兵します。北京の各国公使館が包囲され、日本も六月半ばに派兵を決定しています。西太后が実権を握る清朝政府は、暴徒たちを取り締まるどころか、乱に乗じて六月二十一日には八か国に宣戦布告してきました。二十三日、イギリスが列国公使館を救援してほしいと日本に軍派遣を要請してきます。日本はこれに対して、七月六日の閣議で混成一個師団の増派を決定し、十四日には日本軍が各国連合軍と共に北京城内に入ります。日本陸軍は軍紀正しく、治安を回復していきます。

その間、伊藤は新政党作りの準備を着々と進めます。八月二十五日に、政友会創立宣言を発します。九月十三日には憲政党が解党し、十五日に伊藤博文を総裁とする立憲政友会が設立されました。

ところで、第一章でお話ししましたが、「政党」は従来「徒党」のような意味で捉えられていました。それで、「党」のイメージが悪いので、「政友党」ではなく「政友会」になりました。

実態は、伊藤が懇意にしていた官僚出身者と星亨が率いる憲政党（自由党）系の政治家からなる新党です。昭和時代は、官僚としてある程度のキャリアを積んでから政治家になる人を「官僚派」、生え抜きの政党政治家を「党人派」と呼んでいました。戦後の自民党でも、長らく「官僚派」と「党人派」の対立は存在しました。最近は、世襲と非世襲の区別の方が重視されますが。それはともかく、「官僚派」と「党人派」の起源はここにあります。

議会開会以前および初期議会において「藩閥」と「自由民権」が真っ向から対立していた時には、官僚組織は藩閥側に立ち、自由民権と戦ってきました。ですから、もともとは敵です。しかし、日本政治安定のためには、組まざるをえません。

元老の内閣は衆議院以外のすべてを掌握しても、衆議院で常に多数を占める政党を無視したら予算を否決されて政権を放り出さざるをえません。しかし、常に「税金負けろ」と言いながら「戦争やれ」と主張する政党に政治はできません。現に、隈板内閣の悲惨な末路で、政党の政権担当能力の欠如が証明されました。

第二次山県内閣は、隈板内閣の失敗で政党が呆然状態の時に札束で横っ面を撫でまわして、政党を飼いならしていたつもりでいました。何より、板垣憲政党と大隈憲政本党の憎悪が頂点に達し、かつてのような「政府攻撃では同一歩調」という態度がとれない環境でした。しかし、政党もいつまでもおとなしくしているはずがありません。また、山県の対応もその場しのぎにすぎません。そこで伊藤は、行政経験のある官僚を引き連れて、自ら政党を立ち上げようとしたのです。

同時代の実業家である野崎広太は、政友会創立が迅速に行われた背景には、井上馨の表裏にわたっての協力があったからだとしています。政党を組織する「策源」は井上馨であり、そこに星亨や原敬が「出入往来」しました。資金の調達、会員の勧誘、発会式の準備にいたるまで井上が動きます。井上・星・原が周到に準備し「伊藤は据え膳を突きつけられて箸をとるばかりの労をされるようなもの」だったと伝えています（『世外井上公伝』第四巻、内外書籍、一九三四年、七三〇頁）。さすがに井上の伝記なので、これでは伊藤が単なる傀儡《かいらい》にしか読めませんので割り引く必要がありますが、元老の官僚人脈、財界の資金、党人の経験を合わせて、新党政友会が結成されたという話はよくわかります。

ちなみに、井上馨は財界との関わりが深い人でした。これについては大昔、西郷隆盛が宴の席上で皮肉っています。「三井の番頭さん差し上げる」と言いながら杯をまわしたとか（佐々木高行『保古飛呂比《ほごひろい》』、明治四年十一月十二日）。とはいうものの、井上の集金力は絶大でした。もちろん、伊藤自身も金を集めたのですが。

政友会の設立にあたって、伊藤は明治天皇から御下賜金二万円をいただいています。政党を組織するために宮中から多額の下賜金が出たのでは具合が悪いということで、名目は「功臣優遇」でした。しかし当の伊藤は悪びれもせず、政友会で「必要ならいくらでも宮内省からもらってくる」などと放言していたと、側近の伊東巳代治が日記に書き留めています（「翠雨荘日記」明治三十四年十月六日。『伊東巳代治日記・記録　第三巻——未刊翠雨荘日記』ゆまに書房、一九九九年）。

かくして、立憲政友会は誕生しました。九月十五日に高級料亭「紅葉館」で創立総会を開き、帝国ホテルに事務所を置きました。もちろん、伊藤博文が初代総裁です。内閣総理大臣、宮内大臣、枢密院議長、貴族院議長に続き、またもや要職の初代です。伊藤は、「初物食い」と言われていました。

伊藤子飼いの官僚派が、伊東巳代治、金子堅太郎、渡辺国武、西園寺公望ら。憲政党から合流した党人派が、星亨、松田正久、尾崎行雄らです。

政友会創設はかなり絢爛豪華で、当時の政官界の大物が大量集結したような感がありました。伊東と金子は、帝国憲法制定以来の伊藤側近。公家の西園寺公望も伊藤側近として閣僚を経験していました。こうした官僚派をとりまとめたのが、元蔵相の渡辺国武です。

党人の首魁は、もちろん星。蔵相時代は官僚たちから、隈板内閣で「唯一、会話が通じる相手」と目された松田正久。隈板内閣退陣のきっかけとなる共和演説事件を引き起こした尾崎は政友会に馳せ参じます。

尾崎は歴史教科書では「憲政の神様」として聖人君子の如く描かれるのが常ですが、「大概にせえよ」としか言いようがありません。日清戦争前は対外強硬派の先陣を切り、三国干渉に屈した伊藤内閣を猛攻撃していました。従来の行きがかりから憲政本党に属していたはずなのに、突如として伊藤の政友会に切り崩されるという人です。鳩山邦夫が晩年は離党しても「鳩山邦夫さん、生涯通算十回目の離党」と笑われていましたが、尾崎もあまり変わりません。尾崎ほど気分で政党を出たり入ったりした人もいないでしょう。本人はその都度もっともらしい大義名分を掲げるのですが。

自由党～憲政党で党首を務めていた板垣退助は引退します。今までも単なるお飾りだったので、もはや政界では板垣より格上すぎる伊藤が総裁に迎えられた以上、旧自由党系の党人からしたら用済みです。憲政党解党大会では板垣に感謝状を贈るなどしていますが、体のいい厄介払いです。板垣本人としても不本意な引退でした（前掲『明治政治史』下巻、一五五頁）。

結党の過程で頭角を現したのが、原敬です。原は岩手藩の家老の子で、維新では負け組です。明治政府が何度くれると言っても、爵位を拒否し続けたので総理大臣になった時は「平民宰相」と呼ばれましたが、世が世なら下級武士出身の元勲たちより身分が上です。

外務省では次官や朝鮮公使に上り詰めます。退官後は大阪毎日新聞の社長を務めていましたが、政友会結党に際して入党しました。その実務能力が買われて、その年の十二月十九日には幹事長に就任します。

幹事長と言えば、今の政党では党のナンバー2です。特に自民党では、資金・人事・選挙を握る、総裁代行のような立場です。幹事長をそのような重職に押し上げたのが、まさに原です。最初、政友会の幹事長は、総裁の意向を受けて幹部の取りまとめをする事務局長のような役割だったのが、やがて人事や資金を握るようになり、幹事長の立場が向上していくのです。それにつれ、原も権力基盤を固めていきます。

さて、政友会創立から二週間もたたない明治三十三(一九〇〇)年九月二十六日、山県有朋が内閣総辞職を断行しました。

山県は最終的には、一の子分の桂太郎を後継首相にと考えているのですが、ここでは伊藤を後任に推挙します。山県は井上に頼み、伊藤を口説かせました。当初、伊藤は固辞し、西園寺公望を推したりしています。

西園寺といえば後に総理大臣になりますから、大物政治家と思われるかもしれませんが、当時は実績がありません。第二次伊藤内閣で、病気で辞任した井上毅文相の後任として初入閣し、同じ内閣で、こちらも病気辞職する陸奥外相の後任として外相を兼任していますが、それだけです。続く第二次松方内閣でも当初は外相兼文相として留任していますが、一か月もたたないうちに交代しています。平成元（一九八九）年に文部大臣しか経験のない海部俊樹がいきなり首相に就任したことがありますが、それに匹敵する非常識な人事です。伊藤の返事、不真面目すぎます。

伊藤が容易に引き受けないので、松方にも話が行きますが、松方も固辞し、伊藤の説得に加わります。そして、最終的に伊藤は承諾し、十月七日から組閣に取り掛かります。

山県内閣から伊藤内閣への過程については、当時から評価が二つに分かれています。一つは、山県がレームダックになったので、伊藤に替わったという評価。もう一つは、山県は自分に余力があるうちにあえて辞め、伊藤新党の準備ができていないうちに押し付けたというものです。両方とも本当でしょう。そのまま行けば山県内閣が完全なレームダックになるのは時間の問題でした。伊藤は新党の見通しが立たないうちは組閣を固辞していました。引き受けた時点では政友会が設立されています。しかし盤石な体制を作りあげたとは言えません。そんなギリギリの時期に政権譲渡が行われました。

山県の意図を一つに絞るとすると、レームダックになる前の余力のある内に辞めて、準備ができていない伊藤への嫌がらせをしようとしたのでしょう。そう考えると、伊藤が「西園寺首相」などというふざけた提案をしたのも理解できます。

第四次伊藤内閣――船出から官僚と党人が対立

自由党の後継政党である憲政党が消滅したことで、筋金入りの左翼の幸徳秋水が自分の主催する新聞である『万朝報』明治三十三年八月三十日付に、「自由党を祭る文」を寄せています。「嗚呼自由党死す矣。而して其光栄ある歴史は全く抹殺されぬ」とボヤいています。

幸徳秋水と言えば、「今の天皇は正統である南朝の天皇から三種の神器をだまし取った北朝の子孫ではないか」と論陣を張り、南北正閏《なんぼくせいじゅん》論争を引き起こす人です。最期は、明治天皇の暗殺を企てて処刑されています。本気で皇室を滅ぼそうとして一定の勢力を得た、日本史で最初の人物です。「自由党を祭る文」は高校の教科書や史料集に頻出ですが、自国の国家元首に対する暗殺を企てたテロリストの文章を教科書に掲載する、あるいは大学入試で問題にして出して子供に解かせるなど、狂っているとしか思えません。自由党（憲政党）の消滅を嘆いている史料など、他にいくらでもあるでしょうに。

ちなみに、大正から昭和初期まで活躍した言論人の代表である吉野作造は政友会のことを「自由党以来、いかなる屈辱に甘んじても権力にありついてきた」と批判しています（吉野作造「議会から見た政局の波瀾」『中央公論』、一九三三年一月）。

明治の人からすると、自由党以来の自由民権運動は仲間割ればかりして、藩閥政府の牙城を崩せなかったとの認識です。隈板内閣直前に板垣派と大隈派を握手させた平岡浩太郎が語った、「お互い多年民権のために戦って、衆議院では常に多数を占めているにもかかわらず、いまだに藩閥の勢力に一指も染めることができず、政治は彼らの意のままに振舞われている。不甲斐ない話だ」との認識は正直なところでしょう。

ただ、これは本書で最初から述べている通り、何かを実現しようとの推進力で考えた場合です。当時の人たちが目指した「民権」というのが、実はなんだかよくわからないのですが。彼らにとって、日本国憲法の価値観に基づく普通選挙や政党政治は二の次ですし、減税と対外硬しか主張していないので。

さて、本筋です。

断り続けた伊藤がついに引き受け、ようやく明治三十三（一九〇〇）年十月十九日に組閣します。第四次伊藤内閣です。閣僚のうち加藤高明外相・山本権兵衛海相・桂太郎陸相の他は、政友会員です。

首相　伊藤博文　（総裁）
外相　加藤高明　（外交官）
内相　末松謙澄　（官僚派）
蔵相　渡辺国武　（官僚派）
陸相　桂太郎　（長州・陸軍軍人）
海相　山本権兵衛　（薩摩・海軍軍人）
法相　金子堅太郎　（官僚派）
文相　松田正久　（党人派）
農商務相　林有造　（党人派）
逓相　星亨（党人派）→原敬（党人派）

政友会内の官僚派と党人派の対立についてはすでに述べたとおりですが、伊藤が彼らをうまく操縦できないことは組閣時にすでに明らかになっています。党人派の代表は星亨で、官僚派の代表が渡辺国武です。この二人は、当然のことながら大変に仲が悪く、いがみ合います。

渡辺は第二次伊藤内閣で大蔵大臣でした。この渡辺国武が組閣を混乱させました。伊藤は大蔵大臣に盟友の井上馨を据えようとしたのですが、渡辺が自分がやりたいとゴネます。しかも、渡辺は脱党を宣言し、機関誌に批判文を寄せたりします。結党早々みっともない恥を晒すわけにはいくまいと渡辺を入閣させてなだめます。伊藤は、こんな小物の言うことも無視できず、井上の入閣を諦めました。

官僚派と党人派が仲良く三つずつ、で納得するような人種は最初から政治家になりません。官僚派は政治の中心の内務と政策の中心の大蔵を占めています。対して党人派は「伴食大臣」と呼ばれていたポストばかりです。霞が関最下層の文部はともかく、現代では経済官庁として自民党政治家が大臣をやりたがる逓信（後の郵政省。現在は総務省）や農商務（後の農林省と通産省。現在は農水省と経産省）も、当時は軽量ポストだったのです。松田、林、星は自由党以来、派閥の領袖です。対して、末松は伊藤の娘婿、渡辺と金子は伊藤の側近官僚。党人からしたら、「政党の幹部は、木っ端官僚よりも扱いが軽いのか？」です。

きちんとした政治のできる党を作ろうとして発足したはずの政友会ですが、責任政党への道は、その出発からつまずきの石がゴロゴロしていました。

ここで状況を確認しましょう。政権が入れ替わると、推進集団と拒否権集団も入れ替わります。

奏薦集団（山県ら元老）
＋
拒否権集団（その他官僚機構）
vs.
伊藤博文内閣（筆頭元老）
＋
推進集団（衆議院・政友会＝官僚派&党人派）
vs.
衆議院野党（憲政本党）

野党は、政治の枠外に放り出されてしまいました。本書が扱う時期では、大隈系の憲政本党は政治の枠外なので、記述しないことにします。

さて、前にもありましたが、衆議院に気を遣いすぎると官僚機構がそっぽを向く、という現象がありました。これ、「法則」と言ってもいいかもしれません。

誰かを立てれば、他の誰かが文句を言う。本書でも大いに参考にしている『日本政党史論』の著者である升味準之輔先生は、これを「慢性的飢餓」と名付けました。升味先生は特に自民党を「慢性的飢餓」の政党と看做しておられました。

国会議員たるもの、一度は大臣になりたい。しかし、大臣の椅子は二十（升味先生ご存命の当時）しかありません。だから、常時四百人いる自民党国会議員の二十分の一しか満足しません。他の議員は不満層です。大臣になれたからとそれで満足するかというと、そんなことはなく、「長官よりも大臣」「文部大臣のような軽量よりも建設大臣や運輸大臣のような経済閣僚」「単なる経済閣僚よりも大蔵大臣のような主要閣僚」「大蔵大臣になれないなら幹事長」と欲望は無限大です。しかも一回なって満足することはない。総理大臣（自民党総裁でもある）は、自分以外のすべての国会議員の「慢性的飢餓」をいかに制御するかが、政治家としての力量となるのです。

第四次伊藤内閣は、衆議院第一党ですが、党内の内情は散々です。そして、貴族院最大会派の研究会は伊藤の入閣要請を拒否し、対決姿勢です。ちなみに「研究会」は、会派の名前です。その歴史を記した『貴族院の会派・研究会政治年表』（尚友倶楽部編、一九七五年）という顕彰本でも、「固有名詞としての意義は無かった」と書かれる始末です。それはさておき、研究会は山県系官僚のたまり場です。伊藤が勝手なことをするなら、拒否権を行使する気満々です。

伊藤内閣成立後まもなく、東京市会をめぐる汚職事件が明るみに出ました。星亨は東京市政との結びつきが強く、収賄を疑われます。前年三月に山県内閣が定めた文官任用令改正により党員が官職につく道は閉ざされ、代わりに地方政界へと向かいました。星はさっそく六月に東京市会議員に立候補して当選し、星とともに星派議員が市議にたくさん入り込んでいたのです（鈴木武史『星亨』中公新書、一九八八年、一四八〜一四九頁）。当時は、国会議員など政治家の兼職が許されていたので、星は国会議員と東京市議を兼ねていたのです。

案の定、星は貴族院から攻撃されます。『毎日新聞』をはじめ、マスコミにも叩かれます。ついに十二月二十日、星は逓相を辞任します。後任には原敬が就きました。原個人にとっても初入閣ですが、東北人として初の入閣でもありました。

原は官僚出身ですが、党人の枠です。実際、原は憲政史に残る政治家（というより政争家）、史上まれにみる政党を掌握した総裁になります。

以下、時代が後年にまで及びますが、良くも悪くも大政治家ではあった原敬について少しページを割きます。

通説
原敬は日本初の本格的政党内閣を作った平民宰相である。

言うのは勝手ですが、ツッコミどころ満載です。

原敬内閣の成立は大正七（一九一八）年です。それまでにも政党内閣はいくつもありました。それらは、どうして「本格的でない」のでしょうか。本書でこれまで見たところでも、第一次大隈内閣は政党内閣でした。また、第二次伊藤内閣以降は政党と提携せずには議会対策ができなくなっていましたから、その意味では政党人が入閣していなくても、かなり政党の意向を汲んだ内閣にならざるをえませんでした。第四次伊藤内閣も、もちろん政友会員からなる政党内閣です。さらに言えば、大隈重信や後藤象二郎は初期の内閣から入閣しており、内閣制度創設以来、実は、自由民権派のまったく入っていない内閣を探すのが難しいほどです。政党は最初から、無視できない存在でした。また、後年の西園寺内閣、山本内閣、第二次大隈内閣も原内閣以前の政党内閣です。

原内閣の何をもって、教科書は「本格的」と言っているのか。

それは、原敬が膨大な日記を残しているからです。「は？」と思われるでしょうが、つまるところ歴史学者の恣意的な願望です。日記という一次史料が残っているので、原敬について研究しやすい。そして、歴史学者には自分が研究した人を、さも重要人物であるかのごとく言いたがる性癖があるのです。膨大な史料を取り扱い、読み込み、分析し、さんざん研究したあげくに、「こんなヤツたいしたことね～よ」と言うのは、倉山満ぐらいです。もっとも、今の歴史学界が倉山満を歴史学者と認めているかは、疑問ですが。

戦前において詳細な日記を残した大物政治家である。この一点で、原敬は特別重要な政治家になりました。それ以前にもいくつも政党内閣があったのに、「本格的」などとつけ、やたらと特筆大書しているのは、研究者の単なるわがままです。

原敬について、もう一つ特記しておかなければならないのは、対米従属の元祖だということです。その当時、アメリカは強大国というほどではありません。まだまだ新興国です。しかし、明治四十一（一九〇八）年に原は世界漫遊の旅に出て、アメリカを見聞し驚嘆します。「米国は今日まで実見するの機会なかりしが真に活動の国にして、目下経済界不況にて其影響を受け居る所多しと云うも、全国活動の形勢明かに見るを得たり、将来此国は世界に対し如何なるものとなるかは常に注目すべき要件たること、今更ら記し置くまでもなき事なり」（『原敬日記』明治四十一年十月八日）。そのすぐ後にパリを訪れた原は、二十年前と比べてアメリカ化していることに驚きます。昔のパリ人はアメリカをバカにしていたけれども、パリ好きのアメリカ人がやってきて散財するものだから、その歓心を買おうとするうちに感化されてアメリカの風習に同化してしまったようだと感想を書き記しています（『原敬日記』明治四十一年十一月一日より要約）。欧米を巡った原は若いアメリカの活力に注目し、「将来恐るべきは此国ならん」とアメリカの台頭を予感しています（『原敬日記』明治四十二年二月二十日）。

そして、この国と戦争をしてはいけないというのが原の外交政策における信念となり、対米追従を党利党略よりも優先して考えるようになります。恐米家・原敬は教科書に書いてありませんので、一般的なイメージではないかもしれませんが、三谷太一郎が『日本政党政治の形成』（東京大学出版会、一九九五年、初版は一九六九年、六九頁）で指摘して以来、専門家の間では通説です。

日本にも親英米派はいました。「親英米」とは「米」はおまけについているだけで重点は「親英」にありました。それを、アメリカの優先順位を上げて事実上「親米英」にした最初の政治家が原敬です。外交官出身でありながら、霞が関王道外交を修正してしまいました。国粋主義者たちにとっては「英」と「米」の順序の違いはどうでもいいようですが、元老は眉をひそめます。

また「平民宰相」と謳われますが、原家は旧盛岡藩の家老を務めるような上級武士の家柄でした。爵位を得ようと思えば得られる機会はいくらでもありましたが、受け取らなかったのです。総理大臣になって爵位がない人はそれまでいなかったので、「平民宰相」と呼ばれることになりました。

つまり通説における「日本初の本格的政党内閣を作った平民宰相」はかなり嘘くさいフレーズです。

拒否権集団としての貴族院

第四次伊藤内閣に話を戻します。組閣してわずか二か月で星亨逓相の辞職となり、その後任として原が入閣したところからです。

星への批判は、政友会攻撃の一材料にすぎませんから、星が辞めたところで貴族院や山県閥の矛先が鈍ることはありません。翌明治三十四（一九〇一）年二月四日、衆議院では政友会・憲政本党が北清事変関係の軍事費に充てるための増税案に賛成し可決しますが、貴族院の委員会が否決します。

原敬は日記に「貴族院の反対は重に研究会より起りたるものにして、畢竟《ひっきょう》伊藤が政友会を率て内閣に立つを喜ばざると又貴族院議員等疎外せられたりとの感情より生じたるものの如く、中には近衛篤麿《このえあつまろ》を戴て内閣を組織すべしなどの野心を懐くものもありと云へり」と記しています（『原敬日記』明治三十四年二月二十五日）。

三月一日、伊藤は西郷従道を通じて京都にいる山県と松方に調停を依頼していますが、拒絶されます。翌日には近衛篤麿貴族院議長にも斡旋を依頼します。ちなみに、この篤麿は後の総理大臣である近衛文麿の父です。公爵位を持つ華族で、亜細亜主義者です。犬養毅なども援助していました。頭山満とも懇意にしています。その近衛篤麿との交渉も、うまくいきません。

しかたがないので、伊藤は天皇陛下に頼ります。四日、明治天皇は、山県・松方に、上京して井上馨や西郷と熟議の上、政府と貴族院を調停するよう命じています。八日、四元老は調停案を貴族院に出しましたが、それでも折り合いはつきませんでした。

しかたがないので、また天皇陛下にお願いします。十二日、貴族院に増税案の成立を命じる詔勅が下ります。十六日の本会議でとうとう可決されました。

ちなみに、この一連の天皇の命令には効力がありません。天皇には権限が無いからです。伊藤に個人的に頼まれて、天皇が個人的に命令した、というにすぎません。言ってしまえば、伊藤が天皇を政争の武器に使っているだけです。

少し憲法論を解説します。帝国憲法は、天皇の統治権が建前です。しかし、実際には責任を負うのは臣下です。行政は内閣、立法は議会、というように。帝国憲法は誰かが独裁できないように、すべての権限が権力分立するように設計されています。たとえば「軍部」と言っても陸軍と海軍は別組織ですし、軍政は陸軍省と海軍省、軍令は参謀本部と軍令部に分かれています。「軍部」などという権限を独占できる一枚岩の組織など存在しないのです。

しかし、あらゆる制度に完璧はありません。独裁させないように分立させているのは良いのですが、分立ということは話がまとまらない時があります。予算と立法は衆議院と貴族院に分立しています。予算は衆議院に先議権がありますが、貴族院が否決して放り出した時、国家行政が麻痺します。こういう時のために前年度予算執行の条項があるのですが、それは予算を認めない議会を説得するまでの暫定措置です。第四次伊藤内閣に対する貴族院のように、国家行政が麻痺するまで自己主張を貫徹した時、行政の最高責任者である総理大臣は天皇に命令を出してもらうこともできます。この場合の天皇の命令には権限と効力はないのですが、「再考せよ」との警告の意味はあります。

こうした論理により、貴族院は渋々ですが、「天皇陛下の命令ならば」と従ったのです。歴史の専門家と称する人の学術書と称する書物でも、この憲法論をわかっていない文献が多々ありますので、ご注意ください。別に、京都大学教授の伊藤之雄氏とは名指ししていないので、お気になさらず。

さて、明治三十四年三月二十四日、議会を閉会します。伊藤内閣は何とか乗り切りました。ところが、数日後の三十日、トラブルメーカーの渡辺蔵相が明治三十四年度の公債支弁の官業をすべて中止すべしとの意見を提出して、末松内相・金子法相・松田文相・林農商務相・原逓相の政友会関係五閣僚と対立します。この時は伊藤首相と加藤外相・山本海相・児玉陸相の三閣僚の調停で妥協するのですが、翌四月十五日、渡辺はまた騒ぎを起こします。明治三十五年度予算編成の方針としていっさい新事業をおこさず、公債を募集せず、規定の継続事業は明治三十七年度まで繰り延べることを提議して、先の五相とふたたび衝突したのです。北清事変で大陸情勢が緊迫し、ロシアの脅威が高まる中、「借金しないでやっていきましょう！　今の予算がついている事業も先送りです！」では国を運営できません。

二度あることは三度あるといいますが、今度は、「しかたがないので天皇陛下に……」とお願いはしませんでした。

ついに、五月二日、財政方針をめぐる閣内不統一により伊藤は辞任します。その他の閣僚も辞表を提出しますが、渡辺だけは出し渋り、翌日の三日に出しています。そして、十日、西園寺公望枢密院議長が臨時首相に就任します。当初の「びっくり人事」が実現した形ですが、「臨時」ですから、まあいいでしょう。

このとき伊藤は内閣存続のために特に積極的に動いていません。筆頭元老がその気になれば、渡辺如き小役人のクビを切るぐらいのことはできたはずですが、もうやる気をなくしています。これでは白根専一に振り回された、かつての松方正義と変わりません。

政党の統率とは、このように難しいものなのです。

第七章

桂太郎、「ニコポン」で日露戦争を乗り切る

「二流」でスタートした桂内閣

伊藤博文は、政権に嫌気が差して辞めてしまいました。そして、後任には、長州の元老の中では唯一総理大臣になっていない井上馨に白羽の矢が立ちます。明治三十四（一九〇一）年五月十六日、井上に大命降下されます。

井上は当初、第四次伊藤内閣の構成をあまり変えずに組閣しようとしていました。ただ、渡辺の造反で総辞職に至ったのだから、蔵相だけは別の人をと、財界人の渋沢栄一に打診しました。「新一万円札の人」です。ところが、断られてしまいます。当時、実業家が忠誠心を向ける対象は国家であって、政党は胡散臭いものと見られていたことや、今後、財界を指導していく妨げとなるような党派性が染みついてしまうことを嫌いました（前掲『首相になれなかった男たち』）。さらに、山本権兵衛海相・児玉源太郎陸相・加藤高明外相が留任を拒みます。これでは組閣ができないので、二十三日に井上馨は大命を拝辞します。

伊藤や山県のように子分や側近を持たない井上のポリティカル・リソースは、財界から金を出させるところにあります。その財界に拒絶されてしまっては、組閣できないのです。

渋沢としては、政治家・井上馨が国際社会の中で日本を文明国にしていくためには、いくらでも協力するけれども、内政で政党活動するためには金など出さないという立場です。金持ちは意外と大義名分にこだわり、金の使い道にはうるさいものなのです。

しかも、第四次伊藤内閣の閣僚だった児玉などは、次世代への移行を狙い桂太郎の政権を成立させるべく動きます。井上も別に無理して総理大臣になりたいという願望がある人ではないので、すんなりとあきらめます。

井上の大命拝辞と同日の二十三日、山県有朋が元老会議を招集し、全員一致して桂太郎を推薦します。黒田は昨年に没しており、松方は無能者。元老から首相を選ぶとしたら、伊藤・山県・井上の三人しかいないのですが、伊藤が投げ出し、山県はやる気をなくし、最後の砦の井上もダメ。それで、やる気満々の次世代のホープ桂に政権が回りました。「若い連中に総理大臣をやらせてやる」というわけです。

その桂太郎は、大命降下のその日に伊藤を訪問しています。「私では力不足です。やっぱり、ここは伊藤さんが総理大臣を続けるというのが筋だと思うんですよ」みたいなことを言いだしますが、伊藤は応じません。翌日も桂は再起を促しますが、伊藤はテコでも動きません。二十八日には天皇陛下まで使っています。「伊藤さんが動いてくれないので、この上は陛下が留任をお命じになってください」とお願いし、二十九日に天皇は伊藤を召すのですが、やはり伊藤は固辞し、桂を推薦します。

腹の中では「断れよ」と思いながら、これでもかと伊藤に勧め、断らせた上で引き受ける。これが桂の根回し術です。すぐに受諾せず、「そこまでやったのに」と、後でとやかく言われないために念には念を入れているのです。今の永田町に、この丁寧さがある人は、残念ながら何人いるでしょうか?

このようにして、第二世代の総理大臣が誕生しました。

桂は明治三十一年一月の第三次伊藤内閣から、大隈・山県の内閣を挟み、明治三十三年十月の第四次伊藤内閣まで、二年四代の内閣で陸相を務めました。山県閥の陸軍エリートで、陸軍一筋、陸相以外の閣僚を経験していません。

このように言うと、いかつい軍人を想像してしまうかもしれませんが、桂といえば「ニコポン政治家」です。ニコッと笑って肩をポンと叩けば、みんな籠絡されてしまいます。愛想がよく、「伊藤は八方美人、桂は十六方美人」などと言われていました。ちなみに、戦前は「ニコポン政治家」は桂以外にも愛想のよい政治家一般に使われていた言葉で、必ずしも桂の代名詞ではありませんでしたが。

桂は、頭が大きいため、顔のプロポーションが赤ん坊のようです。「巨頭翁」「大顔児」などのあだ名の持ち主でもありました。そんな顔立ちも憎めない要素の一つだと思われます。実際に死後、解剖の結果、脳の重量は一六〇〇グラムと桁外れの重さでしたから、本当に脳が大きかったようです（竹内正浩『「家系図」と「お屋敷」で読み解く歴代総理大臣』実業之日本社、二〇一七年）。

愛想のいい桂は同世代の官僚から高い支持を集めていました。集まった閣僚の顔ぶれは以下の通りです。

首相　桂太郎
外相　小村寿太郎
内相　内海忠勝　→児玉源太郎　→芳川顕正
蔵相　曾禰荒助
陸相　児玉源太郎　→寺内正毅
海相　山本権兵衛
法相　清浦奎吾　→波多野敬直
文相　菊池大麓《きくちだいろく》　→久保田譲
農商務相　平田東助　→清浦奎吾
逓相　芳川顕正　→大浦兼武

第一次桂内閣は当初「二流内閣」と呼ばれます。下っ端という意味でもあり、元勲第一世代より下の世代、二番目という意味での「二流」でもあります。この中で、桂をはじめ曾禰・清浦・平田・芳川は山県系官僚、いわゆる「山県閥」です。「小山県内閣」とも呼ばれました。

しかし、よく見ると錚々《そうそう》たるメンバーです。

山本と清浦、それに後から入閣する寺内は後に総理大臣となります。小村や児玉は言うまでもなく日露戦争の英雄です。スタート時点では二流と見られていましたが、この内閣で日露戦争を勝ち抜くのですから、わからないものです。

なお組閣から一か月ほどたった六月二十一日、自由党〜憲政党〜政友会を指導してきた星亨が殺されます。当時は東京市会議長です。利権と癒着した政治に憤った剣術師範伊庭想太郎に東京市役所で刺殺されました。五十一歳でした。政友会も第二世代の原敬が、中枢を占めるようになっていきます。

ちなみに当日、ある若者が書生になろうと初出勤してきたら、星が暗殺されたのでお役御免となっています。後に自由民主党を創設する、三木武吉です。

日英同盟成立――日露戦争前夜にも国内は政争

桂内閣の外務大臣は小村寿太郎です。当時、外務大臣は外地にいる公使を呼ぶことが多く、本命が帰国するまで首相や他の閣僚が兼任することが多いのです。今回も、とりあえず曾禰蔵相が兼任し、駐清公使の小村を待ちます。小村は義和団事件の処理のため、なかなか北京を離れることができず、ようやく九月二十一日に外相に就任しています。

小村寿太郎は誰もが認める日本外交の金字塔です。経綸にも交渉にも優れた手腕を発揮し、この時は日英同盟交渉にも取りかかります。小村就任の翌月十月十六日、林権助公使が公式の日英同盟交渉を開始します。十二月七日には元老会議が日英同盟修正案を承認します。会議には山県、松方、井上、西郷の元老四名と桂首相、小村外相が出席しました。小村はここで日露協商の問題点と日英同盟の利点を述べます。

日露協商の問題点は、以下です。ロシアの侵略主義は協定に満足せず、平和維持はどうせ一時的に終わる。経済上の利益が少ない。清国人の感情を害する。ロシアと結べば日本の海軍力を常にイギリスとバランスを保つようにしなければならないので苦しい。

逆に日英同盟の利点は以下です。東洋の現状維持を望むイギリスとは平和を長く維持できる。列国の非難を受けずに清国と朝鮮に進出できる。清国はロシアよりイギリスを信用しているから清国における日本の勢力を増進する。朝鮮問題の解決に資する。財政上の便益を得る。イギリスの植民地は世界中に広がっているので、イギリスとの同盟のほうが通商上の利益が大きい。ロシア海軍力との均衡を保つのは可能。さらに、小村はイギリスの国力の衰えを考慮し、長期の同盟は得策ではないとしています。

一言で言えば、「遠交近攻」です。遠くの信用ならない奴と近くの危険人物、どちらと組むか。明治の人たちはロシアとの対決を決意しました。

元老会議は全会一致で日英同盟締結を可決します。桂の根回しと小村の意見書が元老会議を導きました（片山慶隆『小村寿太郎』中公新書、二〇一一年）。

そして、十二日に林公使が日英同盟修正案を英外相に提出し、翌年明治三十五（一九〇二）年一月三十日、日英同盟がロンドンで調印されます。

桂内閣が日英同盟交渉中にも、伊藤はロシアを訪問しており、日露協定へ向けて話を進めていました。結局、日英同盟が結ばれるので、こちらは実りませんでしたが、並行してロシアとの協議も進めていたのです。

それで、伊藤がロシアと協定を結ぼうとサンクト・ペテルブルクに行っている時に、桂が出し抜いたかのように評する論者がいます。しかし、それは大嘘です。それが事実なら、伊藤がひどく軽んぜられていることになります。しかし、その後も外交における伊藤のプレゼンスが低下しているということはなく、日露戦争を終結させるにあたっては、側近である金子堅太郎をほとんど開戦と同時にアメリカに送ります。金子の日本への理解を求める活動が、アメリカの対日感情を有利に導き、ポーツマス会議へと結びつくのです。

伊藤は筆頭元老なので、なだめ役なのです。イギリスと組むしかないということは、元老・閣僚全員がわかっています。しかし、できることならロシアを怒らせないようにと筆頭元老の伊藤を派遣し、ほぼゼロに近い、わずかな可能性をさぐっていただけで、ダメ元なのです。ですから、伊藤は、そのことで腹を立てたりしていません。また、日英同盟にあまり積極的でなかったイギリスが、伊藤の訪露を知った時、日露が結び、清におけるロシアの重圧が増すことを警戒して、日英同盟に積極的になっています。イギリスへの催促というカードでもあったのです（前掲『明治政治史』下、一八一頁）。そういう役回りなのは伊藤も十分に理解しています。

ところで伊藤留守中の十一月、政友会幹部が桂内閣打倒に動き出しますが、政友会の足並みの乱れや政府の工作によって十二月二十五日には何とか妥協が成立します。伊藤留守中の出来事です。もっとも、伊藤が日本にいたら政友会幹部が抑えられるかといえば、そうでもないのですが。

明治三十五（一九〇二）年八月十日、衆議院議員の任期満了による第七回総選挙が行われました。これまでの選挙は第一回を除き、すべて解散による任期満了前の総選挙でした。このことからも政権安定の兆しが見えます。そして、政友会は三七六議席中一九〇議席と過半数を占めます。原敬は、それ以前は議員ではありませんでしたが、このとき以降は盛岡の選挙区から当選しています。

今は、少しでも早く日露戦争に向けて本格的に準備を進めなければいけないという時です。十月二十八日、閣議は地租増徴継続案、海軍拡張案を決定します。地租増徴継続案は、山県内閣で決定された地租増徴は五年という期限付だったので、その地租増徴を継続しようという案です。

十一月二日、桂は政友会総裁の伊藤と会談し、地租増徴継続による海軍拡張計画に了解を求めます。桂は伊藤が了解したとの感触を得ていたようですが、その伊藤が三十日には地租継続反対を桂に表明します。しかも、十二月三日には政友会総裁である伊藤と憲政本党総理の大隈が会談し、翌日の大会で地租増徴継続反対を決議します。これでは、初期議会に逆戻りです。戦争準備のために増税をしなければならないのに、衆議院が拒否権を行使して政府が何もできない。そして、海軍拡張には賛成しつつ、増税には反対を党是とします。

こうなった理由は、代議士たちの突き上げに対し伊藤が政友会をまとめられないからです。政友会の半分は、自由民権以来の自由党の党人ですから、拒否権を行使する遺伝子は簡単に消えるものではありません。

いよいよ第十七議会が召集され、十二月十六日の衆議院予算委員会（委員長は原敬）では地租増徴継続案が否決されます。本会議でも否決に持ちこもうとしたら、五日間の停会となりました。二十一日には、さらに二十七日まで停会となっています。停会中に桂は政友会に妥協を申し込みますが、受け入れられません。政府は買収も試みますが、なびくものは少なく、うまくいきません。貴族院の近衛篤麿の調停も不成功に終わります（前掲『日本政党史論』第二巻、四二六頁）。

停会明けの二十八日、政府は衆議院を解散します。どこかデジャブ感がある光景です。桂に何かの展望があるわけではなく、政府はヤケクソです。

翌明治三十六（一九〇三）年三月に第八回衆議院議員総選挙が行われますが、議席分布はほとんど変わりません。三七六議席中、政友会は一七五。選挙前から一六議席を減らしましたが、第一党です。過半数に一四議席足りませんが、反政府系無所属もいます。憲政本党は、九五から八五議席に減らしましたが第二党です。

解散は政友会に対して、嫌がらせにしかなりませんでした。しかし、ここで桂のニコポン術発揮です。総選挙の真っ最中に、総裁を一本釣りしたのです。

議会解散後、桂は葉山の別荘で新年を迎えつつ伊藤を待ち構えました。新年に伊藤は御用邸に伺候するに違いないので、その時に、もし自分のところに立ち寄ったら……と計画を練って待っていたのです。

案の定、一月二日の夕方、伊藤が玄関から「桂居るか、桂居るか」と大声で呼んでいました。桂は飛んで出て、抱えんばかりにして奥座敷に招待し、すぐに酒となってカナ子夫人が一曲を奏でるというもてなしぶりです。対する伊藤は別荘に命名してやるといって光《ぬ》綾《め》を延べさせ、「長雲閣　為桂相国　伊藤博文」という大額を揮毫《きごう》するという上機嫌。はては長州の昔話に花が咲き、そもそも松下村塾の懐旧談から明治十四年の政変で薩長連盟して大隈を追放した一条、憲法制定、日清戦争と、五十年来山県や井上と生死をちかった活動を語るに及んで、政友会総裁はまったく「長州の俊輔」となってしまいました。時分はよしと桂は膝を立て直し、「今度は誠に申訳がない。実は閣下の政友会を解散するなどという事は心苦しかったけれども、止むに止まれぬ意地となって……」ときりだすと、伊藤は「貴様は余り乱暴じゃないか、乃公に刃向かうなんて……一体どうする積りじゃ」と反論します。桂はここぞとばかりに、「維新以来、閣下が先輩と共にこしらえてきたものなのに、今になって海軍拡張の邪魔になるようなことをされては困る」と一心不乱に弁じ立てると、伊藤はうなずきながら「わかった、わかった、何とか円満にやろうじゃないか」ということになり、一夜を楽しく語り明かして別れました。政治評論家の、前田蓮山『政変物語』（文成社、一九二〇年）、五一二〜五一三頁によると、こんなやりとりがあったとか。細かいことですが、日付を前田は七日のこととしていますが、桂の自伝によると二日です。どっちゃでもいいですが。

一月二十二日、桂は曾禰蔵相と財政計画をねりなおします。地租増徴継続案をとり下げ、海軍拡張費には鉄道建設費をあて、鉄道建設費は公債によるという案を作成し、これが二十五日に閣議決定されます。しかし、政友会員がこれを知ったら騒擾が起こるので秘密にされます。

三月一日には第八回衆議院議員総選挙が行われます。結果は既述の通りです。

桂と伊藤の交渉は秘密裏に行われたので、政友会側も政府側も、ごく一部しか、その内容を知らず、それぞれが対立を前提とした行動をとります。政友会では四月に大阪で党制改革運動が起こり、専制の弊害を指摘します。桂と伊藤の秘密の妥協を知らない警視総監大浦兼武が政友会攪乱を企てたのです。原敬は「とにかく大部分政府に買収されたる腐敗の者多し」と憤慨しています（『原敬日記』明治三十六年四月十六日）。

伊藤は桂のしわざと疑いますが、桂が直接に伊藤を訪ね弁解すると、納得しています。

しかも、桂は逆に、伊藤に政友会の政府攻撃をたしなめます。攻撃されれば政府としては防御の姿勢をとるのは当然であると言い、「密談の内容が公のものとなったら、政府にかようなことはさせない」と妥協の件を公表するよう伊藤に提案します（『桂太郎自伝』、二七〇～二七二頁）。

さて、ここで状況を確認しましょう。

奏薦集団（山県ら元老）＋伊藤博文（筆頭元老）
＋
推進集団（桂内閣その他官僚機構）
vs.
拒否権集団（衆議院・政友会＝官僚派&党人派）

伊藤は、拒否権集団である政友会の総裁でありながら、密約で首相の桂に一本釣りされています。そんなことを知らない政友会は政府攻撃を強めますし、受けて立つ官憲も弾圧するのです。そうした中で、密約の当事者である伊藤と桂が、密談ですり合わせをしているのです。約束を実行するには、政治力がいるものです。

四月二十一日、桂首相・小村外相・伊藤博文・山県有朋らが京都無鄰庵《むりんあん》にて会合を開き、対露策を協議します。ここで「対露策を協議」というのは、桂と伊藤が公に会う大義名分です。

もちろん両者は陰で頻繁に会っているのですが、伊藤政友会総裁と桂首相が公式の場で会うということは、内政問題的には様々な憶測を呼びます。対露問題なら、この場合、政府と政党の交渉材料になるようなものはありませんから（というか、してはいけない）、疑惑を持たれにくいのです。様々な問題を抱えている時に、別の問題と絡めて、二つの問題を一緒に解決しようというのは政治家たちがよくやる手です。この場合、文句を言いそうなのは政友会の連中ですが、伊藤が「ロシアの問題で我輩が桂と会って何が問題なんだ」の一言で終わります。

原敬が記録しています。「伊藤侯上京。総務委員一同を招き時局に付内話し、政府は遂に政友会の主張を容れ、地租案を固執せず又他の新税をも起さず、其他の方法を以て海軍拡張費の財源を計画すべしと云う事になりたれば、この上は政府を追窮《ついきゅう》せず、なるべく衝突を避けて妥協に終るべし……と云えり」とあり、原は、このような妥協は伊藤が桂らに泣きつかれた結果に違いないとしています（『原敬日記』明治三十六年四月二十五日）。「増税以外の方法で海軍拡張をやるというのだから、引き際だ！」ということです。

でも、党人は納得しません。妥協にはもう少し時間と手間暇が要ります。

明治三十六（一九〇三）年五月十九日、衆議院委員会が地租増徴継続案を否決すると、二十一日から三日間停会になります。翌二十日、原の他、松田正久と尾崎行雄が首相官邸にでかけ、桂首相・曾禰蔵相と交渉をはじめました。尾崎はこのとき伊藤の密約をはじめて桂から聞かされて「騙された～」と憤慨し、脱党届を出します（『原敬日記』明治三十六年五月二十一日）。

伊藤は脱党を申し出た尾崎をひきとめようと二時間あまり宥めましたが、ムダでした。翌日、幹事長の末松謙澄が尾崎のもとへ来て根気よく口説きました。ついには、「この際思い止まって下されば、あなたの終身の生活費を御引受したいと、伊藤も申している始末ですから」という身も蓋もないことを言い出す始末です。尾崎はそれを聞いて「それ以来、公に対する畏敬の念をだいぶ失った」と漏らしています（前掲、尾崎行雄『咢堂回顧録』上巻、三四六～三四七頁）。

こんな露骨な買収を持ちかけたら、信頼を失うのは当たり前です。尾崎は第一回総選挙以来連続八回当選の党人の雄。閣僚歴は大隈内閣の共和演説事件で辞任した文相だけ。それに対して末松は、年齢こそ尾崎より三歳上の四八歳ですが、貴族院議員で衆議院に議席を持っていません。いわゆる官僚派に属します。伊藤の娘婿で、法制局長官の後に逓信・内務と二度も閣僚を務めています。こういう時の説得は、実質よりも相手のメンツを立てる方が大事です。先に桂が伊藤を酒と思い出話で説得したように。

尾崎脱党騒動もあり、政友会としては総裁の伊藤に再交渉を要求しますが、伊藤はそれを頑として認めず、五月二十四日の政友会議員総会で妥協案が承認されます。

すると、政府は地租増徴継続案を撤回しました。議決の経緯に怒った憲政本党が二十七日に内閣弾劾上奏案を衆議院に提出しますが、二二八対一二三で否決されます。つまり、政府が地租増税を撤回したので、野党が出した不信任案は政友会が否決してあげたのです。そして、三十日、海軍拡張案が衆議院で可決され、六月二日には貴族院を通過します。

この顚末は政友会内に混乱をもたらします。五月には政友会から除名された者や脱党した者が政友倶楽部を結成します。さらに、翌六月には、おさまりのつかない林有造・片岡健吉ら土佐派が政友会を脱党していきます。かつて板垣率いる自由党の中心であった土佐派は政友会結成以来、党内での勢力争いには負けています。土佐派の伊藤に対する反感は頂点に達しました。地方でも脱会する者が相次ぎます。六〜七月に約千名を数え、群馬・高知・徳島・広島など、支部解散に至ったところもありました。

この過程で得をしているのが原敬です。伊藤が国家意識を優先して桂首相と妥協をしたために、尾崎や自由民権以来の党人派が政友会からどんどん流れ出ていきました。当然ですがその結果、残った原敬とその一味の党内に占める割合が高まります。数も大事ですが、自由党生え抜きの旧人類がいなくなったことの方が、原にとっては大きかったかもしれません。

なんとか第十八議会を乗り切った桂ですが、六月二十四日に辞意を表明し、七月一日には病気を理由に辞表を出してしまいます。もっとも、翌二日、「病気ならば暫時休養せよ」と辞表は却下されています。桂の辞意表明はいわば様子見です。本当に辞める気などありません。ロシアの脅威が迫っているのに辞めている場合ではないのです。

そこで、元老の山県は七月五日、松方正義と共に宮中に召され「刻下の時局は、内閣の更迭を許さず、挙国一致、対露問題を解決するにある。ただ伊藤が政友会総裁として、往々内閣の行動を掣肘することあるは、国政の進路を阻碍するの虞がある。故に伊藤をして政友会総裁の地位を辞し、枢府議長の職に就かしめ、協力一致、内閣を援助するに至らば、国家の幸福は之に過ぎたことはない」との旨を奏上しています（徳富蘇峰『公爵山県有朋伝』下巻、五五二頁）。

山県にこのように言わせているのは桂です。山県も、伊藤が政友会総裁であることを苦々しく思っているのですから、桂に言われるまでもなく、喜んで動きます。

そして、翌日には伊藤に枢密院議長親任の内旨が出ています。山県らの陰謀の匂いを嗅ぎ取った伊藤は数日間の猶予を願い出ていますが、受諾します。伊藤は枢密院議長に棚上げされました。ただ、党内の統制に疲れ果てていた伊藤にしても渡りに船だったかもしれません。

原は記録しています。「伊藤を枢密に入れることは山県系内閣の奸計に出るものにて、伊藤を政友会より分離せしめ政党を全く破壊してその政策を自由に行い以て内閣の維持を計るの企図に出たるものなり。宮内省を取込み極めて秘密且つ陰微の手段によりて御意を賜わるの順序に運びたるものにて、上は聖明を欺き下は国家を私有専断せんとするものにて憲政のために甚だ憂うべきものなり」（『原敬日記』明治三十六年七月七日）。

文章だけ読めば憤っているように読めます。しかし、たぶん原はこれを笑いながら書いていたと思います。『原敬日記』は、後世の人に読ませるために書いています。この政変で得したのは誰かを考えれば、ここで原が怒るのは不自然です。日記の文章を文字通り読めば「これは憲政のために甚だ憂慮すべきことだ。陰謀によって政治が動いてはいけない！」ですが、本音では「でも、オレの派閥は拡大したし。邪魔者みんないなくなってくれた」と万々歳のはずです。そんな計算ができない原ではないでしょう。だいたい、己の権力獲得がすべてで、死ぬまで「憲政の常道」を顧みなかった原敬が「憲政のため」を語る時点で眉唾です。

七月十三日、伊藤博文は枢密院議長に就任します。そして、政友会総裁を辞任します。後任の総裁は西園寺公望です。政友会としては、伊藤専制には不満がありますが、政友会は伊藤の人気に依存していました。伊藤が総裁でなくなることによって、さらに脱党者を増やすことにもなりました。伊藤を辞職させた山県・桂らの奸計は当たりました。

このように伊藤に枢密院議長という名誉職を用意し、大談合が成功しますが、この共同謀議を原は黙って見ていました。そして、桂は辞意を撤回し、引き続き首相として政治を行います。

ところで、ここにきても西園寺というのは、やはり唐突感のある人事です。ほかに適任者がいなかったとしか言いようがありません。

西園寺公望は東山天皇から七代目の子孫という高貴な生まれです。徳大寺家から西園寺家へと養子に入っており、明治天皇の侍従長である徳大寺実則は実兄です。また末弟が住友本家の婿養子に入っていて、金銭的にも莫大な援助を受けることができました。富と名誉はすでにあるためか、野心に乏しい政治家です。

西園寺いわく「わたしが政友会の総裁を受けたのには、別にむずかしいことはなかった。外になりたい人もあり、末松がよかろうという説もあり、松田は総会を開いて衆議に問うがよいと云うのでしたが、伊藤がこれを聴かず、わたしにやれと云うから、御用に立つことなら引受けましょうという位のことで、就任してからは大抵松田と原に任せて置いた」（小泉策太郎筆記・木村毅編『西園寺公望自伝』講談社、一九四九年、一三九～一四〇頁）。

政友会は第二代総裁の西園寺の下で、党人の長老の松田と官僚派で実力をつけている原との、三頭政治の時代になります。

日露戦争――条件闘争から桂原密談。政友会、政権授受を条件に協力

政界の勢力地図は変わりました。

奏薦集団（山県ら元老）＋伊藤博文（筆頭元老）
＋
推進集団（桂内閣その他官僚機構）
vs.
拒否権集団（衆議院・政友会）
西園寺公望総裁
原敬&松田正久

伊藤は、元老として日露戦争のような国政の指導にはかかわりますが、政局からは圏外となります。

政友会は、西園寺総裁を党人派の松田と官僚派の原が支える三頭政治になります。ただし、自由党以来の経験を積み、一本調子に拒否権を行使するだけではなく、駆け引きも巧みになります。

桂は内政の不気味な緊張状態の中で、ロシアの脅威に立ち向かいます。

満洲・朝鮮に迫るロシアの脅威は、当時の日本国民が共通して抱いていた圧迫感でした。そのため、前年の日英同盟は国民に歓呼をもって迎えられました。三国干渉以来、「臥薪嘗胆」モードで対外硬派を抑えてきましたが、この年明治三十六（一九〇三）年六月十日には東京帝大教授戸水寛人ら七博士が、桂首相や小村外相に対露武力強硬路線を迫る意見書を提出しています。いわゆる七博士意見書です。当時の帝国大学教授は、今でいう「ネトウヨ」に権威を持たせたような連中だったのです。この人たちは、作戦まで示して、政府に開戦を迫りました。

こいつらに言われるまでもなく、政府も動きます。八月十二日に栗野駐露公使が日露協定案をロシア政府に提示し、十月六日、小村外相と駐日ロシア公使ローゼンの間で交渉が開始されました。ダメモトですが、ロシアに外交交渉での解決を求めます。朝鮮における日本の利益、満洲におけるロシアの利益をそれぞれ承認するとした内容で提案したのですが、ロシアは朝鮮問題のみ扱い、満洲については何の約束もしようとしませんでした。当然、合意をみることはありません。

満洲にロシア軍が居座るだけで脅威ですが、朝鮮半島までやってきたら日本は一日たりとも安心できません。「帰ってください」とお願いしているのですが、大ロシアとしたら小国日本の頼みごとを聞いて、自分の勢力圏のような朝鮮から引き揚げる必要はありません。

そうこうするうちに、明治三十六年も十二月になりました。この期に及んで、まだ国内では条件闘争をしています。

十二月三日、政友会と憲政本党が提携を約束します。政友会としては「看板の伊藤総裁を抜かれ、切り崩された。よくも我が党を混乱させてくれたな」と政府憎しで憲政本党と組んだのです。そうなると、衆議院では法律も予算も通りません。という、ポーズです。十日、明治天皇の第十九議会開院の勅語に対して、河野広中衆議院議長が奉答文で政府を弾劾します。そして、誰も内閣の弾劾文と気づかぬうちに可決されてしまいました。桂は翌日十一日、議会を解散します（前掲『日本議会史録1』、三三七頁）。

これによって桂は、かえって対露対策に専念することができました。「代議士たちは、選挙をやっていろ！」ということです。ここまでお読みいただいた読者の方はお判りの通り、交通の便が現代とは格段に不便な明治の選挙は、だいたい三か月くらいかかります。代議士は衆議院が解散されると身分を失いますから、自分の再当選のための選挙活動にかかりきりになります。

昭和期に自民党副総裁や副総理として政界の実力者となった金丸信は、「政治とは叩いているようでさすっている、さすっているようで叩いている」と語ったことがありますが、桂内閣と政友会の関係もまさに金丸の言う通り。内閣弾劾をしてあげることで政府に恩を売り付けているのです。

桂としたら、衆議院が内閣を弾劾してくれたので、大義名分ができたのです。解散で衆議院の拒否権発動を阻止し、その間に対露交渉を本格化させます。決裂したら戦うしかありません。

明治三十七（一九〇四）年一月十二日、さっそく御前会議で対露交渉日本側最終案を決定します。さらに、時間の経過はロシアを利するものとして、二月四日の御前会議では対露交渉を打ち切り、開戦することを決定します。六日、ロシア政府に交渉断絶を通告し、八日には陸軍先遣部隊が仁川に上陸し、連合艦隊が旅順港外のロシア艦隊を攻撃します。十日には、いよいよ日露戦争の宣戦布告となりました。戦況は日本側優勢のうちに進展します。京城、平壌を占領し朝鮮半島を支配下に置きます。

そして、小説や映画には、まず出てきませんが、戦争真っ最中の三月一日に第九回衆議院議員総選挙が行われています。政友会は脱党者が出たりしたので一三〇議席になっていますが第一党です。十六日に臨時大会を開き、原敬は「今回の事件は実に国家未曾有のことでありまして、忠勇なる海陸軍軍人は遠く海外にあって戦争に従事している次第であるから、国内にあるところの国民は協力一致してこれが後援をなさなければならぬ」と挙国一致を説いています。

二十日、第二十議会が開会します。政友会をはじめ、議会の諸派は政府の戦争遂行に協力的です。日清戦争の時と、同じです。政友会は、いつも内閣に敵対し、場合によっては倒閣するような構えを見せながら、戦争には協力します。絶妙なバランス感覚で、かけ引きしているのです。

戦況は連戦連勝です。八月十日、黄海海戦の勝利によりロシア旅順艦隊が壊滅。九月四日、遼陽《りょうよう》を占領。十二月四日、旅順港を一望できる二〇三高地を占領。一度でも負けたらどうなったかわかりませんが、全戦全勝です。東洋侵略を狙った、大ロシアの意思を挫きます。

そして、十二月八日、桂太郎と原敬の秘密交渉がはじまります。

この時点で桂は「戦争中は内閣組織を変えない。戦後、自分が政権を継続する場合は政友会と提携する。退く場合は西園寺を総理に推奏する」ことを約しています（『原敬日記』明治三十七年十二月八日）。開戦直前から、衆議院第一党の政友会が表面上はともかく、実質的に政府を支援してくれたことへの見返りです。少なくとも政友会は、拒否権は行使していません。

年が明けて、明治三十八（一九〇五）年一月一日、旅順のロシア軍が降伏します。さらに、三月十日、奉天会戦に勝利します。しかし、勝ってはいますが、この時点で日本側は弾薬や資金が底をつきかけています。そして、ロシアは負け戦とはいえ、まだ余力を残しています。世論は連戦連勝に沸き返りますが、政府は講和を急ぎます。

奉天会戦の翌月、桂太郎と原敬の第二回目の密談が行われます。桂は「国民は講和条件に満足しないであろうから、自分は辞める。その際には西園寺を推す」と、はっきり桂続投の話はなくなっています（『原敬日記』明治三十八年四月十六日）。

以下、四月から八月の事項を箇条書きに並べます。四月二十一日、閣議で講和条件を決定。五月二十八日、日本海海戦に勝利。六月一日、高平駐米公使が米大統領に日露講和の斡旋を希望。それを受けて、セオドア・ルーズベルト大統領は九日、日露両国に講和を勧告。七月七日、日本軍が樺太に上陸。七月二十九日、桂・タフト協定で、アメリカは日本の朝鮮支配権を、日本はアメリカのフィリピン支配権を、相互承認。八月十日、日露講和会議がポーツマスで開催される。八月十二日、第二次日英同盟協約に調印。

アメリカと交渉しながら、戦闘も継続し、日英同盟を更新しています。獅子奮迅の働きです。

ここまでした上で八月十四日、桂は原敬と第三回目の密談を行います。西園寺に政権を譲る点は変わりません。原は、「政友会は如何なる条約でも率先して講和に賛成する。桂の辞職時期は講和の後か、通常国会終了後かのいずれかであろう」と、辞職時期についてすり合わせをしています。二十二日にも会談し、原は桂に、西園寺が政権運営にあたっては桂の援助を望んでいる旨を伝え、辞職の時期は通常会の前がいいとしています（『原敬日記』明治三十八年八月十四日、二十二日）。

桂には、対外強硬派が納得するような、たっぷりの賠償金と広大な領土割譲を含んだ講和条約など、とうてい結べないことはわかっていました。強硬派ではない普通の国民も決して喜ばない程度のものにしかならないと。そのため、与党第一党の賛成を得ておくことは大事なのです。

司馬遼太郎などがまったく語らない、もうひとつの日露戦争です。桂は、この表と裏の戦争を同時並行で行っていたのです。ニコポンでなければできません。

ちなみに『原敬日記』だけ読んでいると原がすべてを取り仕切り、西園寺は「よきにはからえ」のバカ殿のように思えてきますが違います。元老会議の了解事項を伝えたい場合は、西園寺だけを呼んでいます。政争屋の原を混ぜると何をされるかわからないので、四か月だけとはいえ外相経験者（第二次伊藤内閣と第二次松方内閣）で、話がわかる西園寺だけを合意に混ぜておいたのです。

八月二十八日、御前会議で最終講和成立方針が決定されます。さらに、条約の内容が報道され、反対運動が広がります。それでも九月一日、休戦議定書が調印されます。そして同日、憲政本党の大石正巳と犬養毅が原・松田に政府攻撃の提携を申し込んできますが、原は「慎重に考えたい」と確答を与えませんでした。松田と協議して対応したもので、密約を守っています（『原敬日記』明治三十八年九月一日）。桂から政権授受の密約があるのですから、なぜ憲政本党と手を組む必要があるのか。

そして、西園寺は九月二日の協議員会で演説しています。

今成立せる平和条件に就いて見るに、開戦の第一の理由たる満韓問題に関しては我目的を達せりと云うべく、樺太割譲及軍費支弁の二件に関しては僅に樺太一半を得るに止まりて、其余の要求は之を撤回するに至りしは実に遺憾に堪えざるところなり。世論の囂々として外交の失敗を叫ぶは一理なきにあらず。然れども事既に往く。徒に之を追うも果して幾何の利益あらん。……もし一歩その途を誤らば忽ち国家をして外交上経済上危機に瀕せしむるの虞なしとせず。事態の重大なる開戦前に譲らず。これ実に帝国安危の因て決するの時と謂うべきなり。我党は宜しく冷静の心を以て内外の形勢を達観し積極的に前途の経営を研究せんことを切望す。

（『立憲政友会史』第二巻、二四五〜二四六頁）

話がわかる西園寺の面目躍如です。そもそも日露戦争の目的は、朝鮮からロシアに出て行ってもらうことです。それが蹴られたので、なおも「せめて三十九度線より南には来ないでくれ」と頼み込んでも無視されました。それをこの日露戦争では南満洲まで押し返しました。領土や賠償金は大事ですが、より大事なのは戦争目的の達成です。この時の西園寺は正論です。桂首相や元老達が事前に因果を含めていた成果です。

九月五日、日露講和条約（ポーツマス条約）が調印され、韓国保護権、南樺太・遼東租借権、東支鉄道支線などを獲得します。そして同日、「日比谷焼打事件」が起こります。日比谷で日露講和条約反対の国民大会が開催され、国民新聞社・内相官邸・交番などの焼き討ちに発展したのです。翌六日には東京市および府下五郡に戒厳令が敷かれます。以後、講和反対の新聞・雑誌など多数発行禁止となりました。戒厳令は十一月二十九日まで続きます。

十月、桂との密約を知らされていない他の政友会党幹部や代議士は、西園寺や原に政府の責任を追及することを要求します。当然、原は蹴散らします。また、そういう事情がわからない下っ端を抑えるのが原の役割とも言えます。

十月六日、原と桂は首相官邸で内談し、桂は通常国会前に辞職することにします。そんな密約があるものですから、八日の政友会在京代議士協議会が満場一致で「外交の失政に対し、政府の責任を問う事」を決議しても、西園寺は「参考のため聞き置く」と無視します（『立憲政友会史』第二巻、二五二～二五三頁）。

八日の在京代議士協議会には七十人もの代議士が集まっているのですが、西園寺・原・松田は、一般の政友会代議士のこういった動きをわざと野放しにしています。ガス抜きです。これも駆け引きの材料です。原は約束とは信義ではなく力によって守られると信じています。その生涯を通じて、徹底した力の論理の信奉者です。

「桂さん、ウチにも言うことを聞かない若い連中がおります。私らは桂さんから誠意を見せてもらっているので、よくわかっているのですが、いいかげん形にしてもらわないと、跳ねっ返りの連中がいつ暴発するかわかりませんのでねえ……」

原敬の行動原理は「インテリヤクザ」です。

第八章

運命の年、明治四十年

桂園時代——実態は、桂原時代

桂太郎内閣は、日露戦争を勝ち抜きました。軍事では連戦連勝。外交でも周到な準備の上でタイミングを間違えずに和平に持ち込みました。これに不満な連中は日比谷焼き討ち事件を起こしますが、耐え抜きます。

内政が安定した理由は、言うまでもなく衆議院第一党の立憲政友会が協力してくれたからでした。その見返りとして、桂は政友会総裁の西園寺公望に政権授受の密約をします。明治三十四（一九〇一）年から大正二（一九一三）年までの十二年間、桂と西園寺の二人が交互に政権を担当します。「桂園時代」です。

ただ、内情はここまで見てきたように複雑です。二人の談合は最初から計画していたことではありません。様々な駆け引きを通じて結果的に桂・西園寺の二人だけが総理大臣候補になる「桂園時代」になったのです。

その他すべての統治機構、すなわち枢密院・貴族院・陸海軍・官僚を桂が抑え、最強の拒否権を握る衆議院で常に第一党の政友会が組めば、誰も逆らえません。

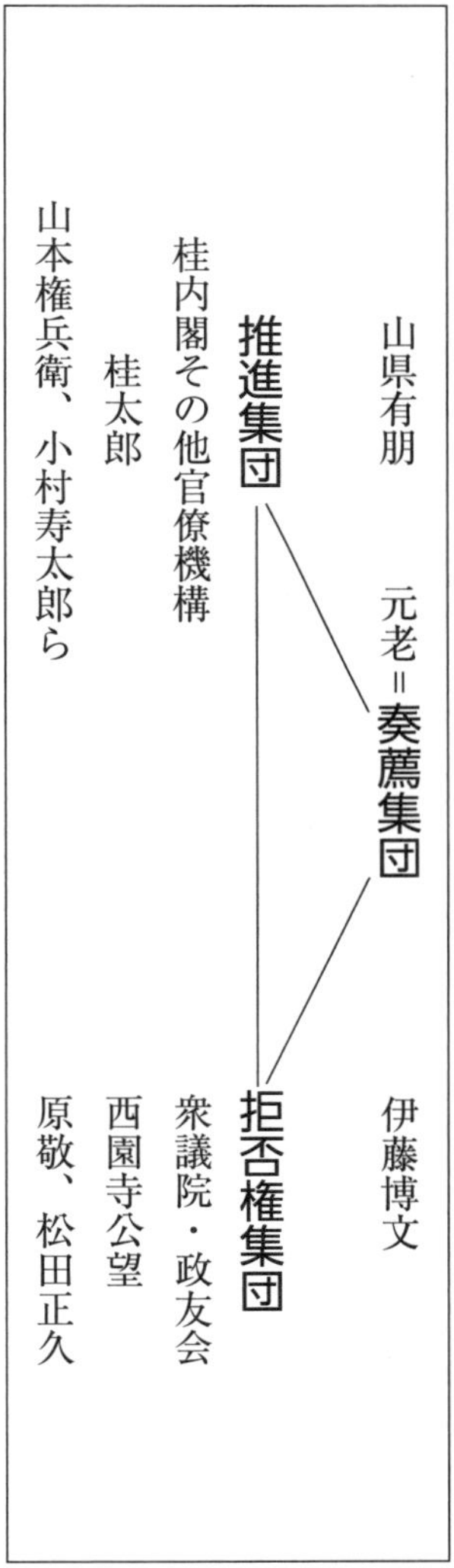

そして、総理大臣候補が二人になると、権力構造にも変化が現れます。最高権力者である内閣総理大臣の決定権（奏薦権）は元老が握っていますが、桂と西園寺の談合が常態化すれば、元老は追認するしかありません。こうした人間関係により、政界は世代交代していきます。ただ、討幕維新、そして日清日露戦争を勝ち抜いた元老の影響力は無視できません。政官財界に巨大な人脈と金脈を持ち、何より歴戦の識見は第二世代も一目置くところです。

そして日露戦争に勝ったとはいえ、ロシアは巨大な隣国です。いつ復讐戦に来るか、備えなければなりません。

元老の二大巨頭の伊藤と山県、首相候補である桂と西園寺、優秀な官僚政治家である山本権兵衛や小村寿太郎、そして政友会幹部の原や松田らが、日露戦後の日本を動かす人たちになるのです。衆議院第二党の憲政本党は政友会にすっかり水をあけられ、桂園時代は存在感が消滅します。

ちなみに、桂と西園寺の関係は談合です。両グループが対立することがあっても、この二人の個人的関係は良かったようです。桂と西園寺はそれぞれの愛妾を伴って何度も会食をするような間柄でした。しかも、明治四十二年には西園寺の養子である八郎（旧長州藩主・毛利元徳公爵の八男）が桂太郎の総理秘書官に就任しています（前掲『「家系図」と「お屋敷」で読み解く歴代総理大臣』、一二八頁）。

なお、桂と西園寺が談合して政権運営に協力していくという桂園時代の政治現象を指して「情意投合」という言葉があります。明治四十四年一月二十九日、桂首相が政友会議員を招いた席上の演説で「情意投合し、共同一致して、以て憲政の美果を収むる」と呼びかけたことから、桂・西園寺の協力関係がそう呼ばれるようになりました。

桂と西園寺が組めば、拒否権集団対策ばかりでなく、お互いに味方集団の上下に対抗できるというメリットがあります。上は時間が経つほどに消えていきますが、下は人数が多い上に、今後、めきめきと頭角を現す者が増えていく可能性があります。桂園二人のタッグは、時計の針を巻き戻さず年寄りに口を出させないため、そして、部下をおさえるためにも有効な結びつきでした。

こうしたことから、桂園時代には首相を決めるための元老会議が開かれることはありませんでした。首相候補が二人しかいないので、開いてもセレモニーになってしまいます。事実上他の人の名前を挙げたところで、強力な拒否権発動にあって潰されてしまいます。政界の挙国一致体制です。内閣を潰そうとする者は談合の輪から外れることになります。元老たちにしても、この全体の巨大な談合ですから、下手に楯突けば、すべてを失います。この仕組みの上に乗っています。この安定構造を桂が作りました。

今でも自民党と官僚機構が結束したら、誰も逆らえません。その原型がここにあります。

さて、明治三十八（一九〇五）年十二月二十一日、桂内閣は総辞職します。

同日、初物食いの伊藤博文は韓国総督府の初代総監に任命されます。枢密院議長から、さらに棚上げされ、朝鮮に飛ばされました。

ところで、日露戦争をやりきった桂の辞表を要約するとこんな感じです。

「明治三十六年に辞表を出そうとしたが、日露交渉中で天皇陛下からも職に留まるよう求められた。交渉のかいなく日露戦争になってしまったが、当初の目的を達し、平和を得た。今や国威国勢、盛んとなる。日英同盟更新、日韓協約、日清約定も完結した。戦後経営のための財政案もほぼなんとかした。東洋における日本の地位を確立し平和回復のためにすべきことは一段落した。日露の講和は（賠償金が取れなくて）国民の怒りをかってしまった。大局的にモノを考えられる人が少なく、世論からは叩かれた。しかし、これは一時的な現象で、そのうちわかってもらえると思う」です。

自画自賛です。ただ、全部本当のことですし、それだけのことをやりきったので、満足感に溢れています。当初は二流内閣などと揶揄された第一次桂内閣でしたが、前後の交渉を含めて日露戦争をやりきった政権でした。

密約に従い、桂は後継に西園寺を推薦します。当然、大命降下は西園寺に下ります。年は明け、明治三十九（一九〇六）年一月七日、第一次西園寺公望内閣が成立します。

首相　西園寺公望（政友会）
外相　加藤高明（外交官）→林董（外交官）
内相　原敬（政友会）
蔵相　阪谷芳郎（大蔵官僚）→松田正久（政友会）
陸相　寺内正毅（陸軍軍人・山県閥）
海相　斎藤実（海軍軍人）

法相　松田正久（政友会）→千家尊福（貴族院・木曜会の領袖）
文相　牧野伸顕（外交官）
農商務相　松岡康毅（検察官）
逓相　山県伊三郎（山県有朋の養子）→堀田正養（貴族院・研究会）

この内閣では政友会から西園寺・原・松田の三人しか入閣していません。まだまだ政友会に政権担当能力がないということで、官僚内閣になっています。しかも、山県閥を代表する寺内と山県伊三郎が目を光らせています。この伊三郎は山県有朋の養子です。有朋の実子は娘一人をのぞいて全員夭折《ようせつ》しており、姉の息子である伊三郎に家督をつがせることになります。

政友会の実質的指導者は原敬です。形式的には当然総裁の西園寺が一番で、先輩の松田が二番目、原は三番目の序列ですが、実際に最も権力を持っていたのは原です。原は内務大臣に就任します。西園寺をかつぎながら、内務省などに権力を拡充していきます。内務省を押さえる意味は、選挙対策にあります。地方行政と警察を握っている官庁なので、ここを掌握すれば選挙に断然有利なのです。

日本近代史家の山本四郎先生は、「桂園時代」の実態は「桂原時代」だとしています。

桂と西園寺ではなく、原であると。いわく、

原の決断力には定評がある。そして、山県対伊藤の伊藤陣営の闘将として、桂の前に立ちふさがるのが、実に原であった。……融通無碍の桂の裾をピタリとおさえるのが原敬である。明治末年の十数年間、いわゆる「桂園時代」は、正確には「桂原時代」というべきであろう。

（山本四郎『原敬――政党政治のあけぼの』清水書院、一九八四年、新訂版二〇一七年、六三～六四頁）

郡制廃止法案で山県に挑戦した原敬の光と影

その実力者・原が、山県に勝負を挑みます。

明治三十九（一九〇六）年三月三日、政府は郡制廃止法案を衆議院に提出します。衆議院は十七日に可決しますが、貴族院で審議未了となります。

郡制は、かつて明治二十三年に第一次山県内閣のとき公布されたもので、これは山県に対する権力闘争です。

内務省と自治体の関係図

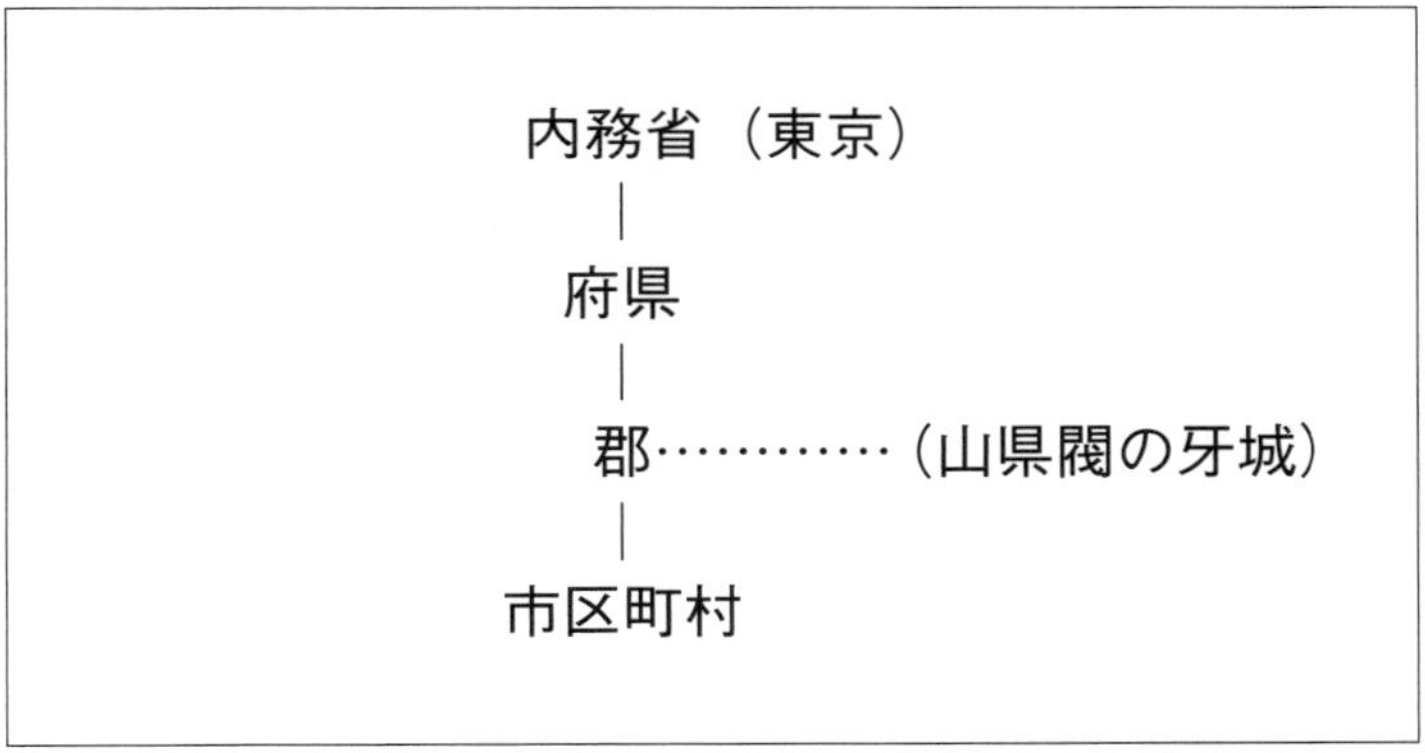

内務省、府県、郡、市区町村は、図のような上下関係にあります。

一番上が内務省です。当時、全国に自治体としての府県は三府四十二県ありました。北海道・沖縄県は別枠です。また当時、東京は「都」ではなく「府」でした。

内務省の課長のうち優秀な者が知事に任命されます。その中でとくに優秀な人が東京に戻って局長になります。つまり、昔の知事とは内務省の「部長」格の地位なのです。今でも中央の役人が知事になる構造は似ていますが、知事職の格はもう少し上で、現在は次官や局長経験者が知事になります。当時も、外交問題も扱う神奈川や兵庫など重要な県や、難問をかかえた県は大物が赴任しますが、それ以外の知事は「部長」です。

ちなみに東京は、東京府より東京市のほうが格上です。現在、「東京市」はありませんが、昭和十八年に統合したからです。

今でも、神奈川県では、横浜市のほうが県より偉い！　それに、大阪市と大阪府が大阪都構想をめぐって百年戦争をやっていることはよく知られています。もし東京市がまだ存在していたら、同様の問題を抱えていたことでしょう。

そして、当時は市と府県の間に「郡」がありました。単純にピラミッド型に上意下達にするためだけのもので、本来は必要ないものです。原敬の研究で知られる三谷太一郎先生は、「郡は自治体として、一方で町村に比して歴史的基盤を欠いており、他方で府県に比して制度的必然性をも欠いていた」としています（三谷太一郎『増補・日本政党政治の形成』東京大学出版会、一九九五年、一二〇頁）。大阪府と大阪市ですらムダな二重行政と言われているわけですから、まったく無駄な三重行政です。

この「郡」が山県閥の牙城なので、それを突き崩そうと原敬が郡を廃止しようとしたのですが、山県閥の強い貴族院で、この時は「審議未了」です。翌年の第二十三議会でも、郡制廃止法案が提出され、衆議院は通過するのですが、貴族院で否決されます。原は郡を廃止できなかったものの、山県はこの戦いによって原を手強い敵と認めることとなりました。原は勝てないのですが、内務省を掌握しつつ、貴族院に切り込みました。

なお、十四年後の大正十（一九二一）年、原内閣のもとで郡制廃止法案は両院を通過し、公布されることになります。山県有朋が亡くなる前年のことでした。

郡制廃止法案が貴族院を通らないなど、原にとっては想定の範囲内です。原は打倒山県の戦いをあきらめません。内相として次の手を打ちます。

評論家の前田蓮山の『原敬伝』から引用します。

明治三十九年四月下旬、恒例により地方長官会議が召集された。召集前、原敬は地方長官に内訓を発し、地方行政改善に関する彼らの意見を、文書を以て答申させて置いたので、これを会議の問題として、各答申者に不審の点を質問し、詳細な説明を求めた。

ところが、彼らの中には部下に起草させて、自分は目を通したこともない者もあった。単に机上の思いつきを並べたに過ぎない者もあった。実情に即せざる大言壮語を連ねた者もあった。彼らは原敬から問い詰められて、周章狼狽し、任地に急電を発して、答申書の起草者を招び寄せるやら、資料書類を取り寄せるやら、大騒ぎであった。しかし原敬は、彼らの再説明を必要とせず、一渡りの問答で打切ったので、折角、書類を携えて上京した属官も、徒労に帰した。

そして七月に原敬は地方官の大異動を断行しました。「老朽知事を淘汰し、新進有為の事務官を引上げ、異動総数七十五人に達し」ました。「このような大異動は、内務省始まって以来」だと前田は述べています（前田蓮山『原敬伝』下巻、一九四三年、九〇〜九一頁）。

自ら面接試験を行い、処分の大義名分にしているのです。地方から呼びつけて仕事の話をさせ、「こいつダメ、こいつもダメ」と切っていく。

大臣が役所に対して人事介入するのは、簡単なことではありません。特に原は外務次官や新聞社社長を務め、政党内の実力者ではあったものの内務行政についてはド素人と見られていました。当時の長官は「県令気分」で「何を畑違いの大臣が」と軽く見くびっていたばかりでなく、中には一種の反感をもって迎えていた者すらあったといいます（栗林貞一『地方官界の変遷』一九三〇年、九四頁）。

それで言い訳不能の手順を踏み、「老朽淘汰・新進抜擢」を掲げて、知事、内務部長、警察部長などの人事異動を行い山県閥の力を削ぎ、大学出身者を積極的に起用しながら、政友会系の勢力を伸ばしていきました。つまり、切られる者がいる一方で、抜擢される者もいるのです。例えば、床次竹二郎などは原に認められ、後に政友会に入党しています。

この頃、官界で構造変化が起こっていました。明治初期の官僚は外国留学経験者を採用していました。それが大学出の試験エリートに交代していったのです。

明治二十七（一八九四）年入省者がキャリア官僚第一号生です。学制が今とは異なり、大卒とは今の大学院卒に相当し、卒業する年もたいてい二十代後半ですから、十年経った明治末年、彼らは三十代後半に達します。人生五十年時代ですから、出世も早く、課長級から出発し、十年で局長級になる人もいます。東京（帝国）大学卒の官僚が中堅幹部に上がってきて、東大閥が形成されていきます。

原が内務省に乗り込んでいき、人事の大異動を行ったのはこの頃です。以後、第二次大戦まで繰り返される政党政治の内務省への人事介入の端緒となります。

その結果、どういうことが起こったか。

筒井清忠『昭和戦前期の政党政治』（ちくま新書、二〇一二年）二七四〜二七八頁に、面白い具体例があるので紹介します。昭和十（一九三五）年に大分県の警察部長になった村田五郎という内務官僚の話です。

村田が警察部長として赴任すると、部下から「村の駐在所のどちらを使いますか」と質問されました。大分県には村ごとに政友会系・民政党系の二つの駐在所があり、政権が変わるたびに片方を閉じ、もう片方を開けて使用します。

市民生活もくっきり党派別になっていて、政友会の者同士で結婚します。反対党系の医者にはかかろうとせず、同じ政党系の医者に診てもらうために遠くまで病人を戸板に乗せて運びます。反対党の医者にかかれば一服盛られる恐れがあるというのです。旅館、料亭なども政友会系・民政党系に分かれていました。

道路建設などの公共事業も知事の政党が変わるたびに前知事の計画を打ち切って新たに行うので、大分県では同じ方向に向かって延びる同じ幅の道路が並行して作られました。また、別の党員の家が火事で焼けていても、反対党員の消防員は水をかけずに傍観するので訓示に「水を公平にかけろ」という、本来なら不必要な文句がありました。

警察もやくざも二派に分かれていて、警察は同じ政党系のやくざの犯罪は見逃し、反対党のやくざの犯罪摘発にはげみます。そこで村田はやくざの一斉取り締まりを行いました。すると県民から感謝されたことはもちろん、意外なことに暴力団を使っていた政党の幹部たちも喜びました。なぜなら、暴力団を利用していたものの、それが腐れ縁となって金をせびられるようになっていたのです。その出費が一斉検挙によって浮いたので助かったというわけです。

政党による官僚支配はこのような弊害を生んでいきました。現在のような官僚による政治支配も問題ですが、くだらない党派対立が市民生活を脅かすようでは困ります。

もう一つ、原敬の政治を語る上で欠かせないのが鉄道です。

明治三十六（一九〇三）年五月、原の衆議院議員としてのはじめての議会演説が鉄道財源の確保についてでした。原は議会演説を三回しか行ったことがないのですが、そのうちのひとつがこれです。原にとって鉄道政策がいかに重要であったかがわかります（前掲『日本政党政治の形成』、一七九頁）。

前述のように郡制廃止法案は貴族院で阻止されましたが、同じ三月、帝国鉄道会計法によって鉄道の財源は確保します。

ところで、大陸と国内では鉄道の幅が違っていて、大陸は広軌、国内は狭軌でした。問題は、国内の線路を、今後、どちらで敷くかです。軍事上は国内を広軌に合わせたほうが有利です。その場合、すでに狭軌で敷いている線路の変更工事をしなければなりません。ところが、どんどん鉄道を敷いていきたい原は狭軌派です。安全保障よりも政友会議員の選挙区の利権を優先します。

その後の成り行きを先取りしますと、一時期、後藤新平が推す広軌路線が優勢になりましたが、大正時代の原内閣で完全に潰され、狭軌派が勝ちます。

選挙区に鉄道を引き入れようとすることを「我田引水」をもじって「我田引鉄」といいます。この「我田引鉄」で有名なのは岩手県と宮城県を走る大船渡線です。大正末から昭和初期にかけて建設されますが、左頁の図のような形をしています。

A地点からB地点に行く最短距離は直線のはずですが、大船渡線は議員が選挙区に鉄道を通そうとゴリ押ししたため、ジグザグになりました。龍のようなのでドラゴンレールと呼ばれます。

似たような事象は戦後も起こっていますが、元祖は原敬です。

平和ボケの起源となった明治四十年

明治四十（一九〇七）年一月二十日、大隈重信が憲政本党の総理を引退します。万年野党の憲政本党内には政権が取れないことに不満が高まっていました。次期首相とみられる桂との提携を考えますが、そのためには元老から受けのよくない大隈重信が総理では不都合なので排除したのです。その後の憲政本党は、政権と何の関係もないところで内紛を繰り返しつつも、他の小会派と合同して国民党を結成します。固有名詞だけ入れ替えれば現代の話のようですが、明治時代の話です。

それはさておき、明治四十年は日本外交において大きな転機となる年です。

日露戦争前には露仏同盟と日英同盟がありました。日本とロシアが仲直りしたら、日英同盟と露仏同盟が喧嘩する理由はありません。英仏露三国の共通の敵はドイツです。ドイツはオーストリア・イタリアと三国同盟を結び、ヨーロッパ最強の陸軍を擁する大国でした。経済力と科学技術も世界最高峰です。

日露戦争が終わった今、英仏露がドイツを挟撃すべく関係を再構築します。英仏は、すでに日露戦争中の明治三十七年に協商を結んでいました。ドイツに対抗したものであると同時に、日露戦争を世界戦争にしないための協定でもありました。協定そのものは主にアフリカにおける英仏の権益を相互に承認するもので、文章上は、ドイツについても、ましてや日本やロシアについても触れていませんが、当時の国際関係から行間を読むと、そういう意味になるのです。

大船渡線の路線図

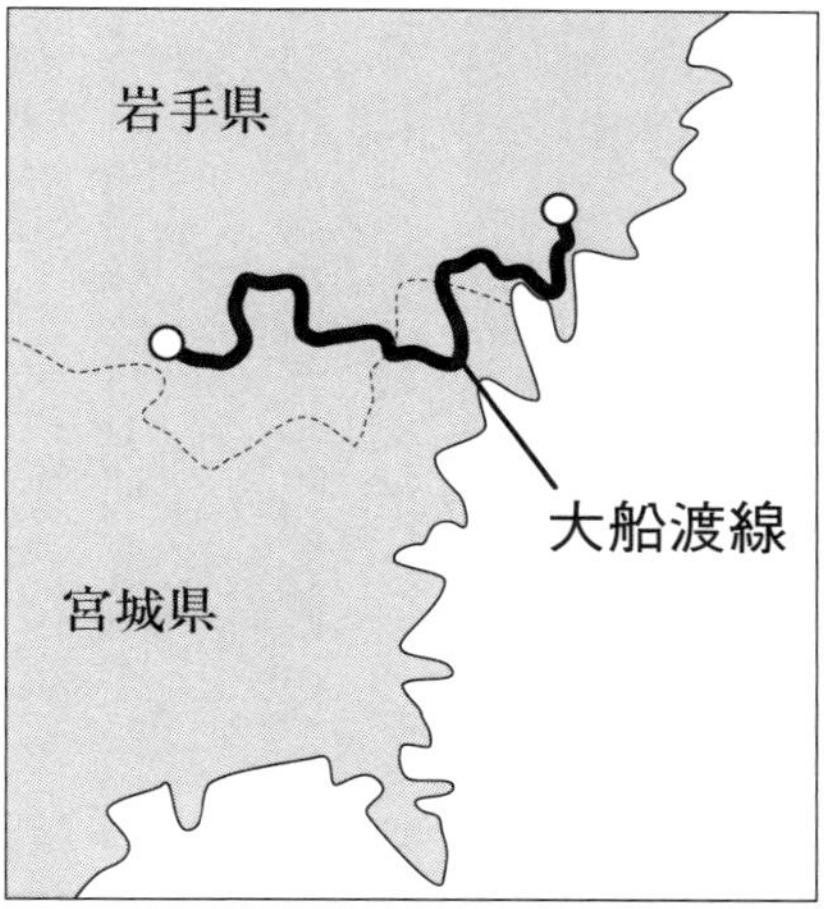

そして、この明治四十年に立て続けに協商が結ばれます。まず六月十日に日仏協約が結ばれます。そして、七月三十日に日露協約が調印され、日本の南満州、露の北満州の利益範囲を協定し、日本の韓国、露の外蒙古に関

する特殊権益を認めました。さらに、最も険悪であった英露も八月三十一日に協商を締結します。英露はナポレオン戦争が終わった一八一五年から、世界中で角逐していました。その勢力争いが日露戦争で決着したので、手打ちしたのです。

三つの協商が同年に結ばれたので、一九〇七年は「協商の年」とも言われます。これによって、日本はロシアの復讐戦を恐れなくてもよくなりました。

逆に、アメリカとの関係は、前年から、険悪になっています。明治三十九年十月十一日、サンフランシスコ市学務局が日本人学童は支那街にある東洋人学校に出席するよう命令します。この事件は日米両国の国交が脅かされる重大問題となりましたが、翌年の三月十二日に日本人学童隔離命令は撤廃されます（黒羽茂『世界史上より見たる日露戦争』至文堂、一九六六年、一五九頁）。しかし、日本人移民排斥の傾向はおさまらず、十一月十六日にはアメリカ駐日大使が日本人労働者移民の渡航制限を要請してきます。日本政府はそれに応えて、移民の制限をする旨の約束をします。「日米紳士協定」と呼ばれます。

密かに日本の台頭を恐れるセオドア・ルーズベルトは国内の排日運動を抑える一方で、日本を威圧するためにアメリカ艦隊のデモンストレーション周航を行います。この年十二月から翌明治四十一（一九〇八）年五月にかけては、中南米を回って帰っただけですが、続く七月、サンフランシスコを出港し太平洋・オセアニアを回ります。艦隊が白く塗装されていたためホワイト・フリート（白船）と呼ばれます。ペリーの「黒船」に対し、テディーの「白船」です。

なお同月、日本では西園寺が首相を辞任し、第二次桂内閣が成立します。

そして、アメリカ艦隊が日本にやってくるのは十月十八日です。横浜に入港します。その時、日本側は日本側で、これ見よがしに大歓迎しました。しかし、時期を合わせて海軍が九州方面で大演習を行っています。友好とはこのように保たれるものです。

ところで、日露戦争の頃からアメリカが日本をいかに恐れていたかを強調する論者もいますが、セオドア・ルーズベルトは本気で戦争する気はありません。彼は日露戦争中から、「日本人はなんと驚くべき人種であろう。日本は軍事におけるように商業においても注目すべきものがある。この十数年間英・米・仏は太平洋において互に相恐れていたが、今後は相互よりも日本人のなかに一層怖るべき強敵を見出すであろう」と言っていました（前掲『世界史上より見たる日露戦争』、一四〇頁）。

また、明治四十三（一九一〇）年十二月二十二日に次期大統領タフトに送った書簡には、アメリカにとって「緊急欠くべからざる大問題は、日本を我が国より締め出し同時に日本の好意を保有することである。……満洲に関しては理由の有無にかかわらず、日本の敵意を挑発し脅威するごとき、いかなる措置をとってもならない。……満洲に関してもし日本がわが国と対立する道を選ぶとすれば、われわれは日本と戦争をする覚悟をしない限りそれを阻止することはできない。満洲に関する戦争で勝利をえようとすれば、イギリスに等しい大艦隊とドイツに等しい大陸軍を必要とする」とあります（黒羽茂『太平洋をめぐる日米抗争史』南窓社、一九六八年、一四二〜一四三頁）。

このように、テディーは徹底してリアリストなのです。

アメリカとしても日本と喧嘩しても意味がないので、一九〇八年十一月三十日、日米間の太平洋および中国問題に関する協定が結ばれます。駐米大使高平小五郎と米国務長官ルートとの間で結ばれたので、高平・ルート協定といいます。白船が横浜に立ち寄った一か月後のことでした。

この協定に名を残す高平小五郎は名外交官です。日露講和条約（ポーツマス条約）を最終的に締結したのは小村寿太郎ですが、高平は当時、駐米公使として下交渉を一手に引き受けていました。

そして、高平・ルート協定では自ら表に立ってアメリカと交渉しました。太平洋方面の現状維持、清国における領土保全と通商、産業上の機会均等などを規定したものです。

日露戦争後の日本は国家目標を達成し、その後十年間、外交的に何も考えなくていい時代になりました。そして、本当に何も考えなかった十年間のうち唯一行ったまともな外交交渉の果実が高平・ルート協定でした。

そして、十年後の大正六（一九一七）年に、ロシア革命が起こります。

すっかり平和ボケしてしまいます。

伊藤の「公式令」vs.山県の「軍令第一号」——政治と軍事の分裂

明治四十（一九〇七）年は、色んなことが起こりました。

二月一日に伊藤博文が公式令《こうしきれい》を公布します。西園寺内閣が作成したことになっていますが、実質的に伊藤が主導しました。公文書式を定め、すべての大臣の文書を総理大臣が見られるようにしました。官僚機構は文書で動くので、それを総理大臣がすべて掌握できるようにしたのです。

帝国憲法に統帥権（軍隊の最高指揮権）についての細かな規定はありません。天皇の大権とされていますが、実際に天皇が軍隊を指揮するわけではありません。

清やロシアといつかは戦争になることは、地政学的に考えて、ある意味、明治初年からわかっていたことでした。憲法で細かいことを決めていては動きがとれなくなるので、運用にまかせ、憲法が決まる前は、下位法（具体的な法律）で処理されていました。

伊藤は、軍事のわかる総理大臣が軍部を掌握しなければならないという考えのもと、公式令を定めました。

これに対抗するように山県は、九月十二日公示の「軍令第一号」を発します。軍事機密については、陸海軍大臣は総理大臣も含めた他の閣僚に見せなくていいという規定です。山県が子分の寺内正毅陸相に命じ、海軍をも巻き込んで制定させました。海軍も自分の権限が拡大するので異論はなく、山県と伊藤の喧嘩を見守ります。

軍令第一号「軍令ニ関スル件」によって「軍令」について定めるという、変則的なやり方ですが、議会で審議したら絶対に通らないので、山県は政令で片付けてしまいました。山県の言い分は「ハチャメチャな政党の連中に軍事機密にアクセスさせていいのか」です。確かに、その主張には説得力があります。

そして、現代だと正論のはずの伊藤の論理よりも「政党内閣の大臣が軍事機密を知り、軍事に介入してきたら、何が起こるかわからないだろう」という山県のほうが主張を通してしまいます。

伊藤博文は抵抗しますが、「軍令」で臣民の権利を制約することはできないという条件で妥協します。臣民の権利制約は「法律」でしかできません。軍令は、あくまで政令であって法律ではないという山県の論理を逆手にとりました。

時は「桂園時代」ですが、親分同士の伊藤と山県が喧嘩を始めました。この件に関しては、陸海軍の話なので、政友会も追及できません。原敬も軍事には興味がありません。大正時代の原敬内閣では原が陸海軍を掌握してしまうのですが、まだまだ権力掌握の途上です。この時の原は、この件は重要ではないと考え「さすがに作戦の機密まで見せろとは言わんよ」という程度であったと思われます。

山県の論理は当時としては常識論です。陸海軍の誰もが賛同しています。しかし、この「蟻の一穴」というにはあまりに大きい「壁に一穴」空いてしまったのが、後々、昭和の統帥権独立問題につながり、収拾がつかなくなります。

その間、四月に帝国国防方針が策定されています。

日本は日露戦争に勝ちましたが、獲得した満洲を防衛しなければなりません。ポーツマス条約で日本は、ロシアが明治三十四（一九〇一）年に開通させた東清鉄道（ハルビン～旅順）のうち、長春～旅順間の鉄道権益を得、明治三十九（一九〇六）年に南満洲鉄道株式会社（満鉄）を設立します。

満鉄を警備するという名目で陸軍は人員設備の充実を要求します。海軍は、それを黙って見ていては陸軍に予算を持っていかれるので、日露戦争後は「アメリカとの緊張関係が高まっている」と主張しはじめます。

帝国国防方針は、「陸海統合の軍事戦略を確立して陸海軍の対立を解消するとともに、軍部特に陸軍が中心となって政略を調整し、政府と商議（協議）しつつ、政略と戦略との調整一致を図るという意図の下に制定」されました。しかし、この「我が国最初の国防方針の策定は、最高の政治責任者である総理大臣の策定過程への参加が、天皇への復奏後に行われ」ました。「つまり、統帥権を根拠に、策案の審議過程に首相や外相など政略の責任者の何人《なにびと》をも参画させなかった」のです（黒川雄三『近代日本の軍事戦略概史』芙蓉書房出版、二〇〇三年、六四～六五頁）。

策定過程も問題ですが、内容も問題です。「陸海統合」を謳うのは結構ですが、その実は陸軍と海軍の野合です。このころからすでに、北東アジアへの「北進戦略」のみならず、南東アジアへの「南進戦略」をも明記してあるのです。

ちなみに帝国国防方針は何度か改定されるのですが、昭和期には陸軍はソ連に加えて中国、海軍はアメリカに加えてイギリスをも仮想敵にします。そして本当にその四国相手の戦争をはじめ、大日本帝国は滅んでいます。

その遠因は、明治四十年に遡るのです。

おわりに――今、改めて日本憲政史を読み直す

本書を一読した後で、大久保利通の気持ちになってください。「俺は、こんなことのために西郷さんを殺し、自分の命まで投げ出したのか？」と絶叫したくなるでしょう。

大久保利通の生涯を賭けた理想は、日本を文明国にすることです。富国強兵、殖産興業。とにかく富を蓄えて強い軍隊を持つ。それを実現できる政府を樹立する。西洋列強が「文明だ」と押し付けてくる制度や法を取り入れ、使いこなす。

だから大久保は、独裁者と言われようが、有司専制と言われようが意に介さず、改革に邁進しました。そして特に気にかけたのが、立憲政治の導入です。実際、士族反乱の火の手がやむ前から、地方議会の創設を手掛けていました。

大久保の志は、伊藤博文らが継ぎました。

帝国憲法制定、議会開会、そして立憲政治の運用……。

「民主主義は優曇華《うどんげ》の花のようなもの」との言葉がありますが、本書の随所で近代日本の苦闘が垣間見られます。そのほとんどが滑稽な光景です。

明治の政治は、「有司専制」「藩閥官僚の独裁」のように語られることがほとんどです。確かに大正末年まで普通選挙は実現されません。しかも参政権が認められたのは、男子だけです。政党内閣はなかなか、実現しません。しても、第一次大隈内閣や第四次伊藤内閣のように、短期間で無残に崩壊をしています。しかし、それは「普通選挙権」や「政党内閣」のような日本国憲法の価値観で測っているだけです。確かに、帝国憲法の機関の中で唯一選挙によって選ばれた人たちの集まりである衆議院は、何かを実現するのに無力無能でした。推進力はありませんでした。

実際、衆議院に拠点を持つ政党の行動を見ていると、「拒否権」を行使していることに気づきます。元老の内閣が次々と衆議院の持つ「拒否権」により葬り去られているのです。日清戦争の伊藤博文内閣も、日露戦争の桂太郎内閣も、衆議院の「拒否権」に悩まされながら且つ気を遣いながら、戦争指導をしているのです。

よく、これで勝てたなと思います。それでも日本は大戦争に勝ちました。力で文明国として認めさせました。では、内実は？

当時の文明国とは、立憲政治を運用できる国のことです。立憲政治には、色々な条件があります。特に国民の権利を尊重すること、政治に国民の意見を反映させることは大事な条件です。それには何より、「人を殺してはならない」という価値観が確立されていること、という条件があります。

我が国でも憲政史の曙には、恥ずかしい事件が多々ありました。選挙の時に反対派に暴力を振るう、あまつさえ殺人まで行う。

しかし、どこの国でも経験している、そういう恥ずかしい歴史を乗り越え、我が国の憲政史は発達していきます。そして、昭和初期には「憲政の常道」と呼ばれる、二大政党による議院内閣制を確立しました。

憲政の母国と威張るイギリスが、マグナカルタから数えて六百年、実際は二百年で二大政党制にたどり着きました。我が国は帝国憲法制定が明治二十二（一八八九）年、そこからだとわずか四十年弱で実現したのです。ペリー来航から数えても、約六十年です。驚くべきスピードです。

討幕、維新、自由民権運動、憲法制定、議会開会、日清日露戦争の勝利。そして「憲政の常道」の実現と敗戦。本書で描ききれなかった歴史を描く機会は、いずれあるでしょう。

本書では、倉山工房の徳岡知和子さんに大変なお世話になった。まず、徳岡さんにお願いしたのは、升味準之輔先生の『日本政党史論』の該当巻の読み込み、そして年表化だった。この憲政史の名著に真面目に触れるのは、私も修業時代以来となる。升味先生は「史料を引用しないと歴史を描いた気がしない」が口癖だったが、その出典にも徳岡さんにあたってもらった。「勝手知ったる憲政史」と思っていても、思わぬ思い込みも多かったが徳岡さんの丁寧なリサーチに基づく指摘で、色々と勉強させてもらった。

また徳間書店の力石幸一さんにも、またもやお世話になった。力石さんは「憲政史で、しかも明治史で本になるのか」と当然の心配をされたが、本書のたくましすぎるほどの登場人物を紹介すると「杞憂だった」と笑ってくださった。

本書は、不甲斐なさ過ぎる今の日本政治の病理を抉《えぐ》り出すとの力石さんの趣旨で始めた。読者諸氏に何らかの示唆を与えられたら成功である。

成功を証明するには、本書が売れて続編が出せなければならない。

読者諸氏の賢明な行動を期待しつつ。(微笑)

令和元年夏

参議院選挙を前にして

憲政史研究者　倉山　満

倉山　満（くらやま　みつる）
1973年、香川県生まれ。憲政史研究者。中央大学文学部史学科を卒業後、同大学院博士前期課程修了。国士舘大学日本政教研究所などを経て、「倉山塾」塾長、ネット放送局「チャンネルくらら」を主宰。著書に、『嘘だらけの日独近現代史』（扶桑社）、『工作員・西郷隆盛』（講談社）、『並べて学べば面白すぎる 世界史と日本史』（KADOKAWA）、『東大法学部という洗脳』（ビジネス社）、『バカよさらば　プロパガンダで読み解く日本の真実』（ワニブックス）、『国民が知らない 上皇の日本史』（祥伝社）、『「軍国主義」が日本を救う』『右も左も誤解だらけの立憲主義』『日本史上最高の英雄《ヒーロー》 大久保利通』（徳間書店）など多数。

世界一わかりやすい日本憲政史　明治自由民権激闘編

第１刷　2019年７月31日

著　者　倉山　満
発行者　平野健一
発行所　株式会社徳間書店
〒141-8202　東京都品川区上大崎３－１－１
目黒セントラルスクエア
電　話　編集(03)5403-4344／販売(049)293-5521
振　替　00140-0-44392
印　刷　三晃印刷(株)
カバー印刷　真生印刷(株)
製　本　(株)宮本製本所

ISBN978-4-19-864887-9